D1683645

52 Spurgeon-Geschichten für Kinder

Band 3

Eine Fliege auf der Nase

von Tony Hutter

3L Verlag

IMPRESSUM

© Copyright 2021 by 3L Verlag GmbH
D-65529 Waldems
ISBN 978-3-944799-31-5
2. Auflage 2023
Übersetzung: Marianne Magnus
Druck: MCP
Satz: Sabrina Jung – www.dcagentur.de

© Day One Publications 2013 – reprinted 2015 & 2019
Die englische Originalausgabe erschien unter dem Titel:
52 Spurgeon Stories for Children
A Fly On The Nose
Published by Day One Publications
Ryelands Road, Leominster, HR6 8NZ
All rights reserved

*Für Sally, meine Frau,
die mir wieder einmal eine große Hilfe
beim Schreiben dieses Buches war.*

Inhaltsverzeichnis

Einführung	7
1...Noch mehr tun	8
2...Hoffnung für die Weisen	10
3...Eine traurige Geschichte?	12
4...Eine große Familie in Not	14
5...Ein Junge liegt im Sterben	16
6...Ein kleiner Junge namens Bob	18
7...Ein furchterregender Sturm	20
8...Traurige Nachrichten vom Waisenhaus	22
9...Wie steht es mit den Alten?	24
10...Kein Zutritt!	26
11...Noch ein schrecklicher Sturm	28
12...Wie viele sind in der Kirche?	30
13...Hilfe!	32
14...Eine praktische Predigt	34
15...Ausdauer!	36
16...Rituale	40
17...Beinahe-Unfälle	42
18...Wo und wann kann man beten?	44
19...Wessen Predigt?	46
20...Der Himmel	48
21...Die Sterne	50
22...Gottes Wort hören und anwenden	52
23...Was wir WIRKLICH glauben	54
24...Eine Predigt für einen Bauern	56
25...Immer die gleiche Botschaft	58
26...Mit klaren Worten	60

27...Vater und Sohn predigen	62
28...Wie man der größte Prediger der Welt wird	64
29...Der Taschendieb	66
30...Alte Geizhälse!	68
31...Mrs. Bartlett	70
32...Das ABC des Glaubens	72
33...Eine Fliege auf der Nase	76
34...Der Mann, der nicht hören konnte	78
35...Christus oder die Firma	80
36...Lasst uns dem Mann nachgehen!	82
37...Sprengt das Gemeindehaus in die Luft!	84
38...Schöne Stiefel!	86
39...Die Straße überqueren	88
40...Wie viel kostet eine Mitgliedschaft?	92
41...Ehrlich währt am längsten!	94
42...Zeit und Ewigkeit	96
43...Die Reise durchs Leben	98
44...Geburtstage	100
45...Ein unerwarteter Besucher	102
46...Anderen das Evangelium verkündigen	104
47...Würdest du tauschen wollen?	106
48...Krieg	108
49...Ist das real?	110
50...Ein Tagebuch	112
51...Bessere Sicht am Sonntag	114
52...Geistlicher Rückschritt	116

Einführung

Charles Haddon Spurgeon wurde im Jahr 1834 geboren und starb 1892. Nachdem er im Alter von fünfzehn Jahren seine Bekehrung erlebte, wurde er von Gott auf vielerlei Weise gebraucht. Während seines langen Dienstes in London kamen viele Menschen zum Glauben an den Herrn Jesus Christus und nahmen ihn als ihren Herrn und Retter an. Bis zu dieser Zeit hatte es niemanden gegeben, der eine solch große Gemeinde für eine so lange Zeit um sich scharen konnte.

Im ersten Buch *Wie eine Spinne das Leben eines Mannes rettete* habe ich von Spurgeons Kindheit berichtet, wie er Christ wurde, über seine erste Gemeinde in Waterbeach in Cambridgeshire, England, und auch darüber, wie er der Prediger der als Metropolitan Tabernacle bekannt gewordenen Großgemeinde in London wurde. Im zweiten Band *Wer hat schon wieder die Milch gestohlen?* gibt es eine Vielzahl an Geschichten: Einige erzählen von erstaunlichen Bekehrungen; einige von dem College, das Spurgeon gründete; und viele andere spielen „auf See".

In dem vorliegenden dritten Band nun *Eine Fliege auf der Nase* werden die Geschichten fortgesetzt, und es wird über das Waisenhaus berichtet, das Spurgeon gründete. Wir erfahren etwas über die Orte, an denen er predigte, neben vielen weiteren interessanten Geschichten. Wie bereits zuvor beginnt jede mit einem Bibelzitat. Dadurch kannst du mehr über den Herrn Jesus Christus und Gottes Willen für dein Leben erfahren!

1
Noch mehr tun

„Witwen und Waisen in ihrer Not zu helfen
und sich vom gottlosen Treiben dieser Welt nicht verführen
zu lassen – das ist wirkliche Frömmigkeit, mit der man Gott,
dem Vater, dient."

Jakobus 1,27; HfA

Im Großbritannien des 19. Jahrhunderts strömte eine große Anzahl an Menschen vom Land in die großen Städte, um nach Arbeit zu suchen. Leider waren viele sehr arm und starben noch recht jung und hinterließen ihre Kinder als Waisen. Manchmal war es nach dem Tod des Familienvaters recht schwer für eine Mutter, sich um ihre große Familie zu kümmern. So kam es, dass zur Zeit Spurgeons allein in London 100.000 Kinder nicht ordentlich versorgt wurden. Viele hatten kein Zuhause, wie du eines hast, und irrten auf der Straße umher, ohne genug Essen oder Kleidung zu haben. Es ist schwer vorzustellen, wie hart das Leben für sie gewesen sein muss!

Spurgeon sah natürlich das ganze Elend, die ganze Not um ihn herum. Eines Tages eröffnete er seiner Gemeinde, dem Metropolitan Tabernacle am Elephant and Castle: „Wir sind eine große Kirche. So sollten wir auch noch mehr für den Herrn in dieser großen Stadt tun! Lasst uns Gott darum bitten, dass er uns etwas Neues zu tun gibt. Und wenn wir dazu Geld brauchen, wollen wir auch darum den Herrn bitten!"

Und so geschah es, dass gerade zu der Zeit eine wohlhabende Witwe, Mrs. Hillyard, die Christ war, dort lebte. Sie glaubte, dass Gott wollte, dass sie etwas von ihrem Geld weggab, um bedürftigen Kindern in London zu helfen! Deshalb fragte sie einen Freund, ob er jemand Zuverlässigen und Aufrichtigen kannte, der diese Aufgabe übernehmen könnte. Ihr Freund antwortete sofort: "Mr. Spurgeon!"

Mrs. Hillyard hatte Spurgeon noch nie zuvor getroffen, aber sie schrieb ihm und teilte ihm mit, dass sie ihm £ 20.000 geben wolle, um ein Waisenhaus zu gründen! Das war zur damaligen Zeit eine sehr große Menge Geld. Ein Facharbeiter bekam zu jener Zeit nur etwa £ 100 im Jahr. So entsprach das, was sie ihm geben wollte, ungefähr drei Millionen Pfund nach heutiger Währung!

Spurgeon beschloss, gemeinsam mit einem seiner Diakone, Mrs. Hillyard aufzusuchen. Ihr Haus sah jedoch nicht so piekfein aus, wie man es bei einer Dame, die £ 20.000 verschenken wollte, vermuten würde. Nach dem Besuch bei ihr meinte Spurgeon noch zu ihr: „Wir haben Sie, Madam, wegen der £ 200 aufgesucht, die Sie in Ihrem Brief erwähnt haben." (Hatte Sie das so geschrieben?) Sie antwortete: „£ 200? Habe ich das geschrieben? Ich meine, ich hätte von £ 20.000 gesprochen." Spurgeon entgegnete: „O ja, Sie schrieben von £ 20.000, aber ich war mir nicht sicher, ob sich eine Null oder auch zwei aus Versehen eingeschlichen haben. Und so dachte ich, wäre ich damit auf der sicheren Seite!" Dann schlug er noch vor, dass das Geld doch lieber an die Verwandten gehen sollte oder an Georg Müller, der ein Waisenhaus in Bristol betrieb. Aber Mrs. Hillyard verneinte dies und sagte, es sollte für ein neues Kinderheim in London bestimmt sein.

Nun, die Gemeinde hatte den Herrn darum gebeten, ihr eine neue Aufgabe zu geben. Und hier war sie! In nicht mehr als einem Monat kaufte Spurgeon ein Stück Land und schon bald wurde das Waisenhaus gebaut. Später fand er noch heraus, dass Mrs. Hillyard tatsächlich nicht in einem großen, teuren Haus lebte, weil sie ihr Geld dazu nutzen wollte, anderen Gutes zu tun! Anstatt es für sich selbst auszugeben, wollte sie es lieber für die Arbeit des Herrn verwenden.

Danke Gott für die Annehmlichkeiten des Lebens, die du genießen kannst, und denke auch daran, dass, wenn du an den Herrn Jesus Christus glaubst, das auch praktische Auswirkungen auf die Art und Weise haben wird, wie du lebst.

2
Hoffnung für die Waisen

„Herr, was willst du, dass ich tun soll?"
Apostelgeschichte 9,6; Schl. 2000

Spurgeon freute sich sehr, dass er nun genug Geld hatte, um ein Waisenhaus für Jungen in Angriff zu nehmen. (Später wurde es auch für Mädchen geöffnet.) Sicherlich war er auch sehr erfreut zu hören, dass Mrs. Hillyard für die Jungen, die dort hinkamen, um drei Dinge betete. Bevor du allerdings weiterliest, frag dich einmal, was du dir für die Jungen erhoffen würdest?!

Die erste Sache war, dass jeder Junge genug Essen und Kleidung haben sollte und dass man sich ausreichend um ihn kümmerte.

Zweitens hoffte sie, dass viele von ihnen (wenn nicht sogar alle!) wahre Christen werden, an den Herrn Jesus Christus glauben und ihm ihr ganzes Leben lang folgen würden.

Drittens war es ihr Gebet, dass viele später Prediger oder Missionare werden würden.

Na, hattest du die gleichen Gedanken und Gebete wie Mrs. Hillyard, was die Jungen angeht? Ich sag dir mal, was aus dem allerersten Jungen wurde, der ins Waisenhaus kam. Sein Name war Robert Latimer.

Zuallererst hat man sich natürlich während seiner Zeit dort gut um ihn gekümmert.

Dann hat er zweitens sein Leben im Glauben an den Herrn Jesus Christus übergeben.

Aber was war mit ihrem dritten Gebet?

Nachdem Robert das Waisenhaus verließ, bekam er eine Stelle in London. Er hatte aber recht schnell den Eindruck, dass Gott ihn als Pastor haben wollte. Er merkte, dass er eine Ausbildung brauchte. Wo konnte er eine bekommen? Errätst du es? Wenn du die Geschichten aus meinem zweiten Band gelesen und dich an sie erinnert hast, wüsstest du im Nu: im College, das Spurgeon gegründet hatte – der Pastorenschule. Und da ging er auch hin.

Nach seiner Ausbildung stand Robert vier Gemeinden als Pastor vor. Und der Herr setzte ihn in vielfältiger Weise zum Segen. Danach arbeitete er sieben Jahre lang für eine Missionsgesellschaft, die Russische Missionsgesellschaft (Russian Evangelization Society) hieß.

Mrs. Hillyard muss sehr zufrieden gewesen sein, dass ihre Hoffnungen und Gebete für das Waisenhaus erhört wurden und dass das sogar auf den allerersten Jungen zutraf, der ins Waisenhaus kam. Viele andere Waisenkinder wurden auch Christ und einige von ihnen wurden später sogar Pastor oder Missionar.

Was möchte Gott, dass du mit deinem Leben tun sollst? Er möchte, dass du dich von deiner Sünde abwendest und dem Herrn Jesus Christus vertraust. Wenn du ihm folgst, kannst du dir sicher sein, dass er einen Plan für dein Leben hat, dass es bestimmte Dinge gibt, die du nach seinem Willen für ihn tun sollst, und Möglichkeiten, wie du ihm dienen kannst. Als Saulus (der zum Apostel Paulus wurde) dem auferstandenen Christus auf der Straße nach Damaskus begegnete, stellte er ihm die Frage, die du dir auch stellen solltest: „Herr, was willst du, dass ich tun soll?" (Apostelgeschichte 9,6; Schl 2000).

3
Eine traurige Geschichte?

„Eines aber wissen wir:
Alles trägt zum Besten derer bei, die Gott lieben;
sie sind ja in Übereinstimmung mit seinem Plan berufen."
Römer 8,28; NGÜ

Erinnerst du dich noch an das dritte Gebet und die Hoffnung, die Mrs. Hillyard für die Jungen im Waisenhaus hatte? Sie betete, dass einige von ihnen Pastoren oder Missionare werden würden! Ich möchte dir hier nun von dem ersten Jungen erzählen, der Missionar wurde, auch wenn das in deinen Augen vielleicht eine sehr traurige Geschichte sein mag.

Sein Name war John Maynard und er war 1869 als kleiner Junge ins Waisenhaus gekommen. Er wurde – wie alle anderen auch – sehr gut versorgt, und er wurde Christ – wie viele von ihnen. Als er älter war, wurde ihm dann klar, dass der Herr wollte, dass er als Missionar ins Ausland ging. So betete er darüber, machte eine Ausbildung und bereitete sich darauf vor. Sicherlich freute er sich sehr darauf, dass er in ein fremdes Land gehen konnte, um den Leuten dort von dem Herrn Jesus Christus zu erzählen, davon, wie ihre Sünden vergeben werden und wie sie ein Kind Gottes werden konnten. Er muss wohl sehr aufgeregt gewesen sein.

Im Alter von fünfundzwanzig Jahren reiste er aus in den Kongo nach Afrika. Schau mal, ob du den Kongo auf einer Landkarte entdeckst, und dann versuche einmal herauszufinden, wie viele Meilen er von London aus zurücklegen musste, um dorthin zu gelangen. Waren es 2.000, 4.000, 6.000 oder 8.000 Meilen? (Die Antwort muss natürlich 4.000 Meilen lauten.)

Ich weiß natürlich nicht, wie lange es gedauert hat, bis er dort war, aber es muss bestimmt eine ganze Weile gedauert haben, da er das Schiff nehmen musste. Schließlich ist er dort angekommen und die Arbeit konnte beginnen.

Aber er war nur ein paar Wochen dort, als er starb. Das hört sich doch seltsam an, nicht wahr? Es erscheint wie eine Verschwendung! Die ganzen Gebete, die Ausbildung und die Vorbereitung – und dann starb John, als er kaum im Kongo angekommen war. Er konnte doch gar nicht viel tun als Missionar in den wenigen Wochen, oder?!

Die letzten Worte Johns lauteten: „So wie er will, ist alles gut!"

Es gibt viele Dinge, die einem im Leben passieren, die wir nicht erklären können: Enttäuschungen, Krankheiten, Unfälle – alle möglichen Dinge. Wir fragen uns womöglich, warum Gott diese zulässt. Und wir fragen uns vielleicht, warum das alles gerade uns zugestoßen ist.

Es muss wohl für John eine herbe Enttäuschung gewesen sein, als ihm bewusst wurde, dass er schon bald in einem solch jungen Alter sterben und schließlich nie ein großer Missionar gewesen sein würde. Es gibt jedoch einen Vers, den er bestimmt kannte und an den er dachte, als er seinem frühen Tod ins Auge sah: „Eines aber wissen wir: Alles trägt zum Besten derer bei, die Gott lieben; sie sind ja in Übereinstimmung mit seinem Plan berufen" (Römer 8,28).

Dieser Vers ist vielen Christen zum Trost geworden, wenn Dinge in ihrem Leben schiefzulaufen schienen. Gott wird dafür sorgen, dass alle Dinge zum Besten derer beitragen, die Gott lieben; und eines Tages, wenn wir im Himmel sind, werden wir dann jenseits aller Zweifel wissen, dass Gottes Verheißung wahr ist. Deshalb konnte John auch am Ende seines jungen Lebens sagen: „So wie er will, ist alles gut."

4
Eine große Familie in Not

„Jede gute Gabe und jedes vollkommene Geschenk kommt von oben herab, von dem Vater ..."
Jakobus 1,17; Schl. 2000

In London herrschte große Not und Bedarf an einem Waisenhaus. In jener Zeit gab die Regierung den Menschen keine Unterstützung und Hilfsleistungen, wie das heute der Fall ist. Viele arme Familien befanden sich in einer ausweglosen Lage und das Leben konnte ausgesprochen hart sein für Kinder ohne Eltern.

In den Anfangszeiten des Waisenhauses sah sich Spurgeon persönlich die Bewerber an, in der Regel die verwitweten Mütter. Er hörte sich immer ihre traurigen Geschichten an und bot ihnen oft etwas Geld oder Hilfe an. Das Problem aber war, dass das Waisenhaus nicht alle Kinder aufnehmen konnte, die in Not waren, denn es gab zu viele von ihnen.

Eines Tages kam eine Frau mit einer großen Zahl an Kindern, sowohl Jungen als auch Mädchen, zu Spurgeon. Dieser sprach mit ihr und stellte ihr einige Fragen. Sie hatte eine sehr traurige Geschichte zu berichten. Sie hatte geheiratet, hatte Kinder bekommen, und dann starb ihr Mann. Sie heiratete wieder, bekam noch weitere Kinder, und dann kurz zuvor starb auch ihr zweiter Mann. Bevor dieser die Frau heiratete, war er auch verheiratet und verwitwet gewesen und hatte auch einige Kinder aus dieser Ehe!

Was die Frau dann tat und Spurgeon recht witzig fand, war das Folgende: Sie teilte die Kinder in drei Gruppen auf und meinte: „Diese Kinder sind seine, diese sind meine und diese da sind unsere." Kannst du dir das vorstellen?

Die Kinder ihres zweiten Ehemannes aus dessen erster Ehe waren „seine". Die Kinder aus ihrer ersten Ehe waren „meine"; und die

Kinder aus ihrer zweiten Ehe waren „unsere"!

Nachdem Spurgeon sie angehört hatte, half er ihrer Familie, soweit er konnte, auch wenn ich nicht weiß, ob eines ihrer Kinder ins Waisenhaus kam.

Wie steht es aber um dich? Hast du genug zu essen? Hast du schöne Kleider zum Anziehen und auch warme Kleidung für den Winter, wenn es kalt ist? Und was wirst du heute Abend tun? Dich in dein schönes, gemütliches Bett legen und einen erholsamen Schlaf haben? Ich gehe davon aus, dass du jeden Tag gutes Essen hast, warme Kleidung, ein Bett für die Nacht und ein Zuhause, in dem du sicher leben kannst.

Nun, es gibt etwas, was du tun könntest. Nimm dir einmal ein Blatt Papier und einen Stift oder Füller und schreibe einmal all die guten Dinge auf, die du jeden Tag bekommst – die Annehmlichkeiten des Lebens und die Menschen, die sich um dich kümmern. In einem alten Lied heißt es im Refrain:

> Zähl die Gnadengaben, denke doch daran;
> Zähl die Gnadengaben, sieh, was Gott getan.
> Zähl die Gaben, denke täglich dran,
> und du wirst dich wundern, was dir Gott getan! [1]

Die Bibel sagt: „Jede gute Gabe und jedes vollkommene Geschenk kommt von oben herab, von dem Vater ..." (Jakobus 1,17). Wir sollten ihm danken für all diese guten Gaben!

5
Ein Junge liegt im Sterben

„Denn im Haus meines Vaters gibt es viele Wohnungen.
Sonst hätte ich euch nicht gesagt:
Ich gehe hin, um dort alles für euch vorzubereiten.
Johannes 14,2; HfA

Eines Samstags wollte Spurgeon seinem Freund John Gough das Waisenhaus zeigen. Sie fuhren mit Spurgeons Kutsche dorthin, und wie immer waren die Jungen sehr erfreut, ihn zu sehen. Nachdem er mit vielen von ihnen gesprochen und jedem einen Penny gegeben hatte, sagte er zu John: „Wir haben hier noch einen Jungen, der sehr krank ist und an Schwindsucht leidet. Er hat nicht mehr lange zu leben, und ich möchte ihn gerne noch sehen, denn er wäre enttäuscht, wenn er wüsste, dass ich hier gewesen bin und nicht nach ihm geschaut hätte."

So gingen sie beide zum Krankenzimmer des Waisenhauses. Dort lag der Junge im Bett. Er war sehr krank. Du kannst dir sicher vorstellen, wie froh der Junge war, sie zu sehen. Spurgeon saß an seinem Bett, hielt seine Hand und fragte ihn: „Liebst du Jesus?" „Ja", antwortete der Junge.

Dann tröstete Spurgeon ihn: „Jesus liebt dich! Er hat dich mit seinem teuren Blut erkauft. Und er weiß, was das Beste für dich ist. Es scheint schwer für dich zu sein, so dazuliegen und das Gegröle der gesunden Jungen draußen beim Spielen mitanzuhören. Aber Jesus wird dich bald zu sich nach Hause holen, und dann wird er dir den Grund nennen, und du wirst dich so sehr freuen!"

Danach betete Spurgeon: „O Jesus, Herr und Meister, dieses liebe Kind streckt seine dünne Hand aus, um sie in deine zu legen! Berühre ihn, lieber Heiland, mit deiner liebenden, warmen Umarmung. Hole ihn nach Hause zu deiner guten Zeit. Tröste ihn, baue ihn auf, bis diese gute Zeit kommt. Zeige du dich ihm hier und jetzt, wo er so krank daliegt, und lass ihn dich sehen und dich immer mehr als seinen liebenden Retter erkennen!"

Nachdem er sein Gebet beendet hatte, meinte er: „Nun, gibt es etwas, was du noch möchtest? Möchtest du einen Kanarienvogel in einem Käfig, um ihn singen zu hören?" Als er merkte, dass dem Jungen dieser Vorschlag gefiel, wandte er sich zur Krankenschwester und sagte: „Krankenschwester, sorgen Sie doch bitte dafür, dass er morgen früh einen Kanarienvogel hat!" Dann sprach er nochmals zu dem Jungen: „Auf Wiedersehen! Du wirst vielleicht den Retter sehen, bevor ich ihn sehe."

John fand die ganze Szene sehr rührend und später sagte er in Bezug auf seinen Freund Spurgeon: „Ich habe gesehen, wie er sechstausendfünfhundert Menschen versammelt und in seinen Bann gezogen hat. Ich kenne ihn als großen Gottesmann, aber als er am Bett eines sterbenden elenden Kindes saß, das er gerettet hatte, war er für mich noch ein viel größerer und grandioserer Mann, als wenn er die mächtige Menge in seinen Predigten mitriss!"

Dieser kranke Junge hatte nicht mehr viel länger zu leben, aber Spurgeon konnte ihn trösten mit dem Wissen, dass, wenn er starb, er beim Herrn Jesus sein würde. Spurgeon konnte ihm noch einen Kanarienvogel geben, aber Jesus gab ihm und verhieß ihm noch viel mehr! Die, die ihn lieben, werden bei ihm sein, wenn sie sterben. Und das ist die Verheißung für sie: „Denn im Haus meines Vaters gibt es viele Wohnungen. Sonst hätte ich euch nicht gesagt: Ich gehe hin, um dort alles für euch vorzubereiten" (Johannes 14,2; HfA).

6
Ein kleiner Junge namens Bob

„Gib uns heute unser tägliches Brot."
Matthäus 6,11; NGÜ

Spurgeon war so interessiert an dem Waisenhaus für Kinder und so besorgt darum, dass er sie häufig besuchte. Und sie waren immer sehr erfreut, ihn zu sehen. Sie blickten so ein bisschen zu ihm auf wie zu einem Großvater, nehme ich einmal an. Er kannte fast alle mit Namen.

Eines Tages, als er auf einem Stuhl draußen in den Anlagen saß und sich gerade mit einem Freund unterhielt, während die Kinder herumtollten und spielten, kam ein kleiner Junge, der ungefähr acht Jahre alt war, auf ihn zu und bat ihn: „Bitte, Mr. Spurgeon, ich möchte mich gerne auf den Stuhl zwischen Ihnen beiden setzen!" „Na, dann komm schon, Bob", erwiderte Spurgeon, „und sag uns mal, was du willst."

„Bitte, Mr. Spurgeon", sagte Bob, „angenommen, da war ein kleiner Junge, der keinen Vater hatte und der im Waisenhaus lebte, zusammen mit vielen anderen kleinen Jungen, die auch keinen Vater hatten; und angenommen, diese kleinen Jungs hatten auch keine Mutter und keine Tanten, die einmal im Monat vorbeikamen und ihnen Äpfel und Orangen brachten und ihnen ein paar Pennys gaben; und angenommen, dieser kleine Junge hatte auch keine Mutter und keine Tante, sodass nie irgendjemand vorbeikam, um ihm nette Dinge zu bringen – meinen Sie nicht, dass jemand ihm einen Penny geben sollte?"

Errätst du, auf wen Bob da anspielte?

Er fuhr fort: „Denn, Mr. Spurgeon, ich bin das!"

Spurgeon dachte über das nach, was Bob zu ihm gesagt hatte.

Es klang vernünftig, nicht wahr? Wenn andere Jungen von ihren Familien Geschenke bekamen und der arme, kleine Bob keinen Besuch bekam und keine Geschenke, war das doch recht unfair! Spurgeon war aber immer sehr freundlich und gütig, insbesondere zu Menschen in Not, und Bob wusste das. So kam es, dass er Bob sechs Pennys schenkte, und dieser zog glücklich davon! Tatsächlich stellte Spurgeon daraufhin sicher, dass der Junge und andere wie er im Waisenhaus regelmäßig ein Taschengeld bekamen.

Warum glaubst du, dass Bob auf diese Weise auf Spurgeon zukam? Zunächst muss er wohl gedacht haben, dass Spurgeon, auch wenn er sich gerade mit einem Freund unterhielt, nichts dagegen haben würde, unterbrochen zu werden. Zweitens glaubte er, dass Spurgeon ihm zuhören würde. Drittens wusste er, dass Spurgeon gutherzig war und wahrscheinlich Mitleid mit ihm und seiner Lage haben würde. Und viertens glaubte er, dass Spurgeon ihm das geben konnte, was er brauchte.

Anstatt nun aber über Bob und Spurgeon nachzudenken, denk einmal über dich und den Herrn Jesus nach! Er ist nie zu beschäftigt und so kannst du ihn auch nicht unterbrechen! Er ist immer bereit und willig, seinen Kindern zuzuhören. Er ist freundlich und mitfühlend. Und er kann dir das geben, was du brauchst. Jesus lehrte seine Jünger zum Beispiel zu beten: „Gib uns heute unser tägliches Brot" (Matthäus 6,11; NGÜ). Wir können in allen unseren Nöten zu ihm gehen, wenn wir ihm wahrhaft vertrauen, und er freut sich, uns zuzuhören und uns zu antworten.

7
Ein furchterregender Sturm

*„Und genau darin besteht das ewige Leben:
dich, den einen wahren Gott, zu erkennen
und Jesus Christus, den du gesandt hast."*
Johannes 17,3; HfA

Bestimmt warst du manchmal schon im Freien, wenn es anfing, so richtig heftig zu regnen. Einmal passierte das Spurgeon, als er und ein Freund draußen auf dem Gelände des Waisenhauses herumspazierten. Es war so ein richtiger Platzregen, daher suchten sie Schutz in der Turnhalle. Viele der Jungen hatten sich dort bereits eingefunden, und als sie Spurgeon hereinkommen sahen, begrüßten sie ihn mit einem lauten Hurraruf!

Draußen wurde das Wetter immer schlechter und ein Sturm braute sich zusammen. Es donnerte und blitzte. Jemand brachte Spurgeon einen Stuhl, und er setzte sich darauf und scharte die Jungen um sich. Der Sturm wurde noch stärker und wurde sehr beängstigend – mit einem grellen Blitz nach dem anderen.

Dann erzählte Spurgeon den Jungen von einem jungen Christen, der sich einige Jahre zuvor eines Abends während eines schrecklichen Sturms in dem Haus seines Onkels aufgehalten hatte. (Eigentlich sprach er dabei gerade von sich selbst!) Ein Kleinkind befand sich im oberen Stockwerk, aber keiner fühlte sich mutig genug, um nach oben zu gehen und das Baby nach unten zu holen, weil sie nicht an einem großen Fenster bei der Treppe vorbeigehen wollten für den Fall, dass der Blitz gerade dann aufzuckte. Spurgeon jedoch entschloss sich, nach oben zu gehen und das Kind nach unten zu bringen, denn er vertraute dem Herrn! Und das tat er dann auch!

Noch während Spurgeon davon erzählte, tobte der Sturm noch

mehr und der Himmel verfinsterte sich zusehends. Einer der Jungen schlug vor, ein Lied anzustimmen, das du vielleicht kennst: „Herr, bleib bei mir, der Abend bricht herein. Es kommt die Nacht, die Finsternis fällt ein. ... Herr, bleib bei mir!"[2] Als sie das Lied zu Ende gesungen hatten, sprach Spurgeon darüber, wie man die Sündenvergebung und den Frieden Gottes erlangt. Während er so darüber sprach, blitzte und donnerte es weiter. Dann sangen sie noch ein ganz bekanntes Kirchenlied: „Wie ein Strom von oben aus der Herrlichkeit fließt der Friede Gottes durch das Land der Zeit."[3] Danach sprach er über das Kreuz, an dem Jesus starb, auch wenn das Prasseln des Regens auf das Dach der Halle und auch das Donnerkrachen es bis dahin sehr schwer machten, alles zu hören, was er sagte. So sangen sie noch ein Lied. Dieses Mal war es das Folgende: „O, Jesu Nam', du klingst so süß in jedes Gläub'gen Ohr! Du bringst uns nah das Paradies und hebst das Herz empor!"[4]

Dann hörten sie so etwas wie den Knall eines Gewehrs und dachten, dass der Blitz in unmittelbarer Nähe eingeschlagen hätte. Die Jungen sahen sich ganz erschrocken und verängstigt an! Dieses Mal erzählte Spurgeon ihnen, dass alle, die im Waisenhaus arbeiteten, den einen großen Wunsch hatten –, dass jeder Junge und jedes Mädchen sich dem Herrn Jesus Christus als ihrem persönlichen Heiland anvertrauten. Etwas später sangen sie alle das bewegende Loblied: „Preist Gott, von dem all Segen fließt! ..."[5]

Beim Singen des Liedes hörte der Sturm auf zu toben und jemand sagte zu Spurgeon: „Die Jungen werden das nie vergessen! Das wird die ganze Ewigkeit hindurch bei ihnen bleiben."

Vielleicht willst du diese Kirchenlieder einmal nachschlagen und herausfinden, wer sie geschrieben hat. Hier ist ein kleiner Hinweis: Die Liederdichter sind Frances Havergal, Thomas Ken, Henry Lyte und John Newton. Doch wer schrieb welche Hymne? Es ist gut, diese Lieder und Hymnen zu kennen, aber noch besser ist es, den Herrn und Retter zu kennen. Der sagte: „Und genau darin besteht das ewige Leben: dich, den einen wahren Gott, zu erkennen und Jesus Christus, den du gesandt hast." (Johannes 17,3; HfA)

8

Traurige Nachrichten vom Waisenhaus

„Darum haltet auch ihr euch ständig bereit;
denn der Menschensohn kommt zu einem Zeitpunkt,
an dem ihr nicht damit rechnet."
Matthäus 24,44; NGÜ

Ein anderes Mal werde ich euch einige Geschichten von den Aufenthalten erzählen, die Spurgeon auf dem europäischen Festland machte. Er hielt sich oft in einer Stadt in Südfrankreich, in Menton, auf (vielleicht entdeckst du das ja auf einer Karte?!).

Manchmal bekommen Leute, die von zu Hause weg sind, traurige Nachrichten. Und so war es auch eines Tages bei Spurgeon, als er sich gerade in Menton aufhielt. Vielleicht errätst du ja schon, worum es sich bei der Hiobsbotschaft handelte, nachdem du nun die ersten sieben Geschichten über das Waisenhaus gelesen hast. Ja, die traurige Nachricht war, dass einer der Jungen dort gestorben war. Was konnte Spurgeon da tun? Er konnte zu dem Zeitpunkt gerade nicht zurückreisen. So beschloss er, allen Jungen im Waisenhaus einen Brief zu schreiben.

Und das hat er ihnen geschrieben: „Ich frage mich schon, wer der Nächste sein wird! Meine lieben Jungen, würdet ihr in den Himmel kommen, wenn ihr jetzt plötzlich sterben solltet? Moment! Jeder sollte da für sich selbst antworten! Wie ihr wisst, müsst ihr wiedergeboren sein, müsst eure Sünde bereuen, müsst an Jesus glauben. Wie steht es mit euch? Wenn ihr nicht errettet seid, seid ihr in großer Gefahr, in fürchterlicher Gefahr! Lasst euch das gesagt sein! Ich bitte euch! Ich kann den Gedanken nicht ertragen, dass auch nur ein Junge aus dem Waisenhaus in die Hölle kommen könnte! Das wäre wirklich schrecklich!"

„Ich denke oft an euch. Ich möchte euch alle glücklich wiedersehen im Hier und Jetzt und im Jenseits. Mögt ihr heranwachsen zu ehrenhaften christlichen Männern! Und wenn Gott einen von euch zu sich nimmt, mögen wir uns alle, so bete ich, im Himmel wiedersehen. Wollt ihr nicht auch – gerade jetzt – dafür beten, dass der Tod eines Jungen euch alle zu Jesus führt und ihr das ewige Leben findet?!"

Ich kann mir gut vorstellen, dass die Jungen in dem Waisenhaus sehr traurig waren, als der Junge starb – wahrscheinlich kannten sie ihn auch alle recht gut. Als sie Spurgeons Brief erhielten, kamen sie wahrscheinlich ins Nachdenken über sich selbst und ihre eigene Beziehung zu Gott. Ich frage mich, ob einer der Jungen durch diesen Brief zum Glauben an den Herrn Jesus gefunden hat.

Vielleicht hast du jemanden sagen hören, dass der Herr entweder zu unseren Lebzeiten „wiederkommt" oder uns „heimruft", dass er „kommt oder ruft". Weißt du, was das genau bedeutet? Eines Tages werden wir aus dieser Zeit in die Ewigkeit gehen, und das wird entweder zu unseren Lebzeiten passieren, wenn der Herr Jesus Christus wiederkommt, um das Ende der Welt herbeizuführen, oder wenn wir durch den Tod in seine Gegenwart gerufen werden. Niemand weiß, wann er wiederkommt oder wann er uns zu sich ruft. Deshalb sagte er auch: „Darum haltet auch ihr euch ständig bereit; denn der Menschensohn kommt zu einem Zeitpunkt, an dem ihr nicht damit rechnet" (Matthäus 24,44; NGÜ).

9
Wie steht es mit den Alten?

„Ehre die Witwen, die wirklich Witwen sind."
1.Timotheus 5,3; Schl. 2000

Nun, wir haben uns Gedanken über die Kinder im Waisenhaus gemacht, aber wie steht es mit den alten Menschen? Wir sollten diejenigen, die älter sind, respektieren und ehren. Hat sich die Gemeinde am Metropolitan Tabernacle um sie gekümmert?

Spurgeon gründete das Waisenhaus und die Schule bzw. das College, aber er musste keine Arbeit für alte Menschen ins Leben rufen, denn, als er dort als Pastor begann, gab es bereits ein Heim für ältere Damen. Dies war schon ca. fünfzig Jahre vorher, bevor er dort hinkam, gegründet worden. Und ich erzähle euch einmal, wie es begann.

Der Pastor zu jener Zeit hieß John Rippon. Er sah die ganze Not um sich herum: Es gab viele ältere Frauen und Witwen, die nicht viel Geld besaßen, und das Leben war sehr hart für sie. So sprach er mit den Diakonen der Gemeinde darüber. Doch diese meinten: „Die Ausgaben werden enorm sein! Wir können uns das nicht leisten. Wir würden nie genug Geld zusammenbekommen."

Nun, John ließ sich davon nicht abhalten, auch wenn die Diakone weiterhin „Nein" dazu sagten.

Schließlich sagte er: „Ich werde nächsten Montag hinausgehen und versuchen, vor der Abendveranstaltung fünfhundert Pfund zu sammeln." (Das war zur damaligen Zeit ziemlich viel Geld.) „Wenn ich das Geld zusammenbekomme, werden wir loslegen, und wenn nicht, werden wir die Idee fallen lassen." Die Diakone dachten: „Er wird doch eh nie fünfhundert Pfund an einem Tag sammeln können!" Und so stimmten sie zu.

Es war Montagabend, und die Diakone versammelten sich und erwarteten, dass John ihnen mitteilen würde, dass er es zwar versucht hatte, aber einfach nicht alles Geld zusammenbekommen konnte. Stellt euch mal vor, wie überrascht sie waren, als er zu ihnen sagte: „Hier sind achthundert Pfund, die ich bekam, ohne eigentlich darum bitten zu müssen. Und es wurde mir noch mehr versprochen." Und deshalb dachten die Diakone dann auch, dass es doch keine schlechte Idee wäre, ein Heim für ältere Frauen ins Leben zu rufen. Und so wollten sie dann doch bei dem neuen Wagnis dabei sein. Doch John sagte zu ihnen: „Nein, nein. Ich brauche eure Dienste nicht. Ihr seid die ganze Zeit dagegen gewesen. Und jetzt habe ich die Arbeit ohne euch getan. Ihr könnt euch etwas anderes suchen."

Ein Treuhandvertrag ist ein rechtliches Dokument, das die Regeln festlegt, nach denen eine Organisation verfährt. John stellte mit einem solchen Vertrag für das Heim für ältere Frauen sicher, dass der Pastor die Damen auswählen würde, die dort leben konnten, ohne dass „ein Diakon sich einmischen" durfte!

Spurgeon unterstützte dieses Heim in großem Maße. Als das Metropolitan Tabernacle gebaut wurde, zog das Heim in die Nähe des Gotteshauses um, damit die älteren Damen leicht dorthin kommen konnten. Sie hatten nicht nur ein Heim, in dem sie leben konnten, sondern bekamen auch Essen und Kleidung und andere Dinge des täglichen Lebens. Spurgeon war so interessiert daran und so großzügig, dass Rechnungen manchmal zweimal bezahlt wurden, weil er sie persönlich und im Stillen bezahlte und die Gemeinde sie dann auch noch beglich.

Gott ermahnt uns, denen Respekt entgegenzubringen, die älter sind als wir; und wenn sie in Not sind, das zu tun, was wir tun können, um ihnen zu helfen. Paulus weist Timotheus auch an, dass die Gemeinde vor Ort das auch insbesondere für ältere Frauen in der Gemeinschaft tun sollte: „Ehre die Witwen, die wirklich Witwen sind" (1. Timotheus 5,3; Schl. 2000).

10

Kein Zutritt!

*„Setzt alles daran, durch die enge Tür einzutreten!
Denn das sage ich euch:
Viele werden versuchen einzutreten, und es wird ihnen nicht gelingen."*
Lukas 13,24; NGÜ

Nun möchte ich euch etwas über einige der Orte erzählen, die Spurgeon aufsuchte, um Gottes Wort zu predigen. Seine Gemeinde befand sich, wie wir wissen, in London, aber er wurde auch eingeladen, in vielen verschiedenen Teilen Englands zu sprechen.

Einmal wurde er gebeten, in Glasgow zu predigen. (In welchem Land befindet sich diese Stadt? Schau mal auf einer Karte nach!) Er war dort in Begleitung des Lord Provost von Glasgow, einer sehr bedeutenden Persönlichkeit der Stadt, unterwegs. Sie kamen zur City Hall, dem Rathaus, und an der Eingangstür stand ein Polizist, der überprüfte, ob alle, die hineingingen, auch eine Eintrittskarte hatten. Nun, Spurgeon und dem Provost hatte man keine Karte gegeben.

Der Polizeimann sagte: „Ich kann Sie nicht hineinlassen, denn Sie haben keine Eintrittskarte!" Der Provost antwortete: „Aber Sie müssen uns hineinlassen!" Der Polizist entgegnete: „Ich kann nicht, egal, wer Sie sind!"

Spurgeon bekräftigte: „Das ist doch der Lord Provost!"

Der Polizist jedoch zeigte sich ungerührt. „Davon weiß ich nichts. Und mir ist es auch egal, wer er ist! Ich habe meine Anweisungen vom Polizeikommissar, niemanden einzulassen ohne eine Eintrittskarte. Und ich bin mir sicher, dass der Lord Provost es auch nicht wollte, dass ich mich den Anordnungen widersetze."

Dann sagte der Provost: „Aber das hier ist Mr. Spurgeon! Und er muss den Vortrag halten!"

Der Polizist wollte immer noch nicht seine Meinung ändern. „Daran kann ich nichts ändern. Ich habe meine Anweisungen und er wird hier nicht hineinkommen ohne eine Eintrittskarte!"

Spurgeon und der Provost sprachen, erklärten und argumentierten weiter, aber es nützte alles nichts! Der Polizist erfüllte nur seine Pflicht, gehorchte seinen Befehlen und wollte sie nicht einlassen! Viele Leute gingen in die City Hall, um Spurgeon reden zu hören, aber er konnte noch nicht einmal ins Gebäude hinein. Nun, was war zu tun? Schließlich hatten die beiden Männer eine zündende Idee. Sie hatten beide Visitenkarten mit ihrem Namen darauf. Und so überzeugten sie den Polizeimann, die beiden Karten nach drinnen zum Polizeikommissar bringen zu lassen. Als dieser sie sah, erteilte er dem Polizisten den Auftrag, Spurgeon und dem Provost Einlass zu gewähren.

Spurgeon zog später eine Lektion aus dieser amüsanten und zugleich frustrierenden Erfahrung. Unsere Sünden verhindern, dass wir in Gottes Königreich Einlass finden. Unsere Sünden bekunden: „Du kannst nicht hineinkommen! Geh weg! Kein Zutritt für dich!" Aber wir müssen wirklich entschlossen sein hineinzugelangen. Wir sollten bekräftigen: „Ich muss Vergebung für meine Sünden haben! Ich muss Jesus Christus als meinen Herrn und Erlöser kennenlernen! Ich muss hineinkommen!" In diesem Sinne sagte Jesus auch: „Setzt alles daran, durch die enge Tür einzutreten! Denn das sage ich euch: Viele werden versuchen einzutreten, und es wird ihnen nicht gelingen" (Lukas 13,24; NGÜ).

11

Noch ein schrecklicher Sturm

„So sollt auch ihr ständig bereit sein."
Lukas 12,40; NGÜ

Wenn der Regen herabprasselt, suchen und finden wir doch alle meistens einen Unterschlupf, der uns vor dem Regen schützt. Aber wenn es blitzt und donnert, weißt du dann, wohin du am besten nicht gehen solltest? Unter einen Baum! Bei einem Gewitter ist es besser, lieber richtig nass zu werden, als unter einem Baum zu stehen.

Nun, ein Mann spazierte einmal durch den Clapham Common-Park im Süden Londons, als ein schrecklicher Sturm aufkam. Der Regen prasselte nieder, der Donner grollte und der Blitz zuckte. Unklugerweise suchte der Mann Zuflucht unter einem Baum. Der Blitz schlug in den Baum ein und der Mann starb.

Spurgeon hörte von diesem tragischen Vorfall und beschloss, dorthin zu gehen und genau an Ort und Stelle zu predigen, und zwar aus zwei Gründen. Den ersten kannst du vermutlich leicht erraten: Er wollte den Leuten von dem Herrn Jesus Christus erzählen, weil niemand weiß, wann er oder sie sterben wird, und wir alle gerettet werden und Vergebung von ihm bekommen müssen, damit wir bereit sind, wenn der Tod naht.

Aber wie steht es mit dem zweiten Grund? Hier ein kleiner Hinweis – denk einmal an die Witwe des Mannes! Spurgeon war der Meinung, dass es eine sehr gute Idee wäre, genau unter dem Baum Geld für sie zu sammeln, damit sie weiterhin genug Geld zum Leben hätte, jetzt, wo ihr Mann verstorben war. Vielleicht hatte sie ja auch Kinder, die sie versorgen musste?!

So wurde die Versammlung vorbereitet und ein Wagen diente als Kanzel. Spurgeons Bibeltext lautete: „So sollt auch ihr ständig bereit sein" (Lukas 12,40; NGÜ). Er sprach davon, dass zum Glück nur sehr wenige Menschen vom Blitz erschlagen werden. Wir sollten uns nicht vor Stürmen fürchten, aber bei einem heftigen Unwetter Bäume meiden! „Wenn sich ein solch ernster Vorfall ereignet, sollten wir darin die Stimme Gottes hören und zuhören, was er uns damit zu sagen hat."

Dann nahm er darauf Bezug, dass sich in der St. Paul's Cathedral, einer berühmten Kathedrale in London, eine kleine eingemeißelte Einkerbung befände, die daher rührte, dass ein Mann gerade Arbeiten am Dom verrichtete, als er plötzlich stürzte und starb. Ich habe zwar noch nie davon gehört, aber wenn ich einmal zu der Domkirche komme, muss ich diese Stelle ausfindig machen.

Spurgeon weiter: „Was für eine ehrwürdige Stelle ist das dort und was für ein ehrwürdiger Ort ist das hier! Meine lieben Zuhörer, bevor Sie jetzt weggehen, beten Sie um Vergebung. Und so oft Sie an diesem Platz vorbeikommen, denken Sie an ihr früheres Leben und an die Welt, die noch kommen soll. Und, meine lieben Freunde, bevor ihr an diesem Nachmittag weggeht, sollte da nicht jeder für sich selber beten, dass seine Sünden vergeben würden?! Richtet euer Herz auf Gott und jeder von euch rufe: ‚Gott, sei mir Sünder gnädig!' Schaut in diesem Moment auf Jesus Christus, der am Kreuz für uns starb!"

Ich denke, dass die Witwe in ihrer Trauer doch auch dankbar für die Geldsammlung war, und es muss ihr eine große Hilfe gewesen sein. Ich glaube, dass die Leute auch erkannt haben, was für ein feierlicher Moment das war, um einen Baum herum zu stehen, der von einem Blitz getroffen worden war, wodurch ein Mann plötzlich sein Leben verlor. Der Herr Jesus sagte, wir sollen allezeit bereit sein!

12
Wie viele sind in der Kirche?

„Alles, was deine Hand zu tun vorfindet, das tue mit deiner ganzen Kraft."

Prediger 9,10; Schl. 2000

Für gewöhnlich machten sich immer Tausende von Menschen auf, um Spurgeon zu hören, ob es nun in seiner eigenen Gemeinde war oder an irgendeinem anderen Ort. Einmal luden ihn einige Christen ein, in Isleham in Cambridgeshire zu predigen. Du kannst ja mal nachschlagen, wo diese Stadt in England genau liegt!

Spurgeon willigte ein, dorthin zu gehen. Es sollten dort morgens und abends Gottesdienste stattfinden. Auch sollte einer am Nachmittag abgehalten werden, allerdings von einem anderen Prediger. Die Leute, welche die Versammlungen organisierten, sagten sich: „Spurgeon ist ein sehr bekannter und beliebter Prediger, und ganz viele Menschen werden ihn hören wollen. Deshalb werden wir am besten das größte Kirchengebäude der Stadt anmieten!" Und das taten sie auch.

Dann kam der Tag, an dem Spurgeon in dieser Kirche zur Kanzel empor stieg, um mit dem ersten Gottesdienst um elf Uhr zu beginnen. Er blickte sich in der Versammlung um. Kannst du vielleicht erraten, wie viele gekommen waren? Keine siebentausend, keine siebenhundert, keine siebzig – sondern nur sieben! Ich glaube, das war für jeden eine Überraschung – aber sicherlich auch keine freudige! Er fragte sie: „Habt ihr diesen großen Saal für ganze sieben Leute gemietet?"

Was tat Spurgeon daraufhin? Natürlich hat er so gut gepredigt, wie er konnte. Und er bat den Herrn um seine Hilfe. Es ist gut, wenn viele Menschen zu Versammlungen gehen, wo Gottes Wort gepredigt wird, aber selbst wenn nur ganz wenige anwesend sind, sollte der Herr gepriesen und sein Wort verkündigt werden.

Später sagte der Mann, der am Nachmittag predigen sollte, zu Spurgeon: „Ich kann mir gar nicht vorstellen, wie Sie das gemacht haben! Sie waren so ernst bei der Sache und predigten so gut, als ob der Saal voll besetzt gewesen wäre."

Am Nachmittag war die Versammlung größer – es waren so zwischen hundert und hundertfünfzig Leute anwesend. Und dann bei der Abendveranstaltung? Wie viele waren denn dann dort? Sieben? Einhundert? Einhundertfünfzig? Ich weiß es nicht! Aber eines weiß ich: Der Saal war so brechend voll, dass noch nicht einmal mehr einer einen Stehplatz bekam! Alle Sitze waren belegt und jeder andere Platz in dem Gebäude auch. Es passte kein einziger mehr hinein! Was war geschehen? Weil Spurgeon am Morgen so gut zu den sieben Gästen gepredigt hatte, gingen sie danach fort und erzählten auch anderen begeistert davon und ermunterten sie, auch zu kommen. Und so war dann am Abend die Kirche voll belegt!

Ich frage mich, ob Spurgeon über die kleine morgendliche Versammlung enttäuscht war und bei sich selbst vielleicht dachte, es wäre nicht wert gewesen, den ganzen Weg von London nach Isleham zurückzulegen, nur um zu sieben Leuten zu sprechen. In seiner eigenen Gemeinde hätte er doch zu sehr viel mehr Menschen predigen können! Vielleicht fühlte er sich ja auch entmutigt! Aber ich bin mir sicher, dass er den folgenden Vers kannte: „Alles, was deine Hand zu tun vorfindet, das tue mit deiner ganzen Kraft" (Prediger 9,10; Schl. 2000).

Möglicherweise hast du ja keine sehr wichtigen Aufgaben in deinem Leben zu erledigen und du denkst, dass es das auch kaum wert ist, sie zu erledigen, und vielleicht bist du ja auch versucht aufzugeben. Aber denke daran: Es ist der Herr, der dir diese Dinge zu tun gegeben hat. Wenn du sie nach besten Kräften für ihn tust, wird ihn das ehren!

13

Hilfe!

„Gott sei uns gnädig und segne uns;
er lasse sein Angesicht leuchten über uns …"

Psalm 67,2; Schl. 2000

Und wieder einmal sind wir gemeinsam auf Reisen mit Spurgeon und dieses Mal sind wir unterwegs nach Bristol. Ich hoffe, dass du alle seine Reisen auf einer Karte mitverfolgen kannst.

Es war an einem Mittwoch, und er reiste dorthin, um anlässlich der Eröffnung einer neuen Kirche zu sprechen. Es sollten zwei Veranstaltungen stattfinden – eine am Nachmittag und eine am Abend. Die Nachmittagsansprache sollte um 14:30 Uhr beginnen, aber bereits eine Stunde zuvor trafen die Menschen in großen Scharen ein; und sobald die Türen geöffnet wurden, drängten sie auch schon hinein, und augenblicklich war jeder Sitzplatz belegt!

Das war gar nicht übel! Am Abend jedoch stürmten sogar noch mehr Menschen hinein. Das Gebäude war überfüllt, die Gänge waren vollgestopft und es warteten noch Tausende im Freien. Einige waren so gespannt, Spurgeon einmal zu hören, und so frustriert, dass sie nicht hineingelangen konnten, dass sie anfingen, an die Wände zu trommeln bei dem Versuch, hineinzukommen! Niemand schien in der Lage zu sein, die Massen zu bändigen. Es gab Menschenmengen drinnen und Menschenmengen draußen! Die Veranstaltung begann, aber es war so viel Lärm, dass Spurgeon die Menge zur Ruhe auffordern musste: „Es sind hier zu viele Leute, sodass mich nicht alle hören können. Ich schlage vor, dass ein weiterer Prediger zu der einen Hälfte der Leute hier spricht, so könnte ich zu der anderen Hälfte predigen."

Ich gehe davon aus, dass er an die Gefahr dachte, die nicht nur durch so viele Menschen im Kirchengebäude, sondern auch durch die

Massenansammlung davor ausging. Da konnten bei dem Geschiebe leicht einige verletzt werden und womöglich sogar ein Gerangel oder Tumult ausbrechen. So fuhr er fort: „Ich hoffe, dass jemand zur Polizeistation geht und um Hilfe ersucht!" Nun, das war zwar eine gute Idee, aber wie konnte sich nur irgendjemand im Gebäude den Weg durch die dicht gedrängte Menschenmenge bahnen, um hinauszugelangen und die Polizeistation zu erreichen? Doch es gab jemand, der eine Lösung fand! Ein Mann bot sich freiwillig an und schlug vor, dass man ihn an einem Fenster mit einem Seil herunterließ, und so konnte er schließlich bei der Polizei Hilfe holen, um die Menschenmenge in den Griff zu bekommen.

Spurgeon sagte: „Ich wünschte, ich hätte noch die Stärke und Kraft, die ich vor ein paar Jahren hatte! Da habe ich zehnmal die Woche gepredigt! Ich bin vorzeitig alt geworden. Ich gehöre jetzt schon zum alten Eisen!" Was glaubst du, wie alt er war? Er klingt wie ein alter Mann, nicht wahr? Aber eigentlich war er erst siebenundzwanzig Jahre alt! Er gab sich selbst so völlig und so selbstlos dem Werk des Herrn hin, dass er sich selbst auslaugte. Natürlich predigte er auch während des Abendgottesdienstes in dieser Kirche, aber nur ganz kurz, weil er sich sehr müde und erschöpft fühlte.

Ich frage mich manchmal, wie viele kommen und Spurgeon zuhören würden, wenn er heute noch am Leben wäre. Wir wissen das aber leider nicht. Die Menschen gehen heutzutage in Scharen zu Fußballspielen oder anderen sportlichen Ereignissen, oder sie gehen zu dem ein oder anderen Konzert – aber sie gehen nicht so oft zu Veranstaltungen, um das Wort Gottes zu hören. Wir sollten beten, dass der Herr den Menschen ein Interesse daran schenkt, das Evangelium zu hören. Der Psalmist betete darum: „Gott sei uns gnädig und segne uns; er lasse sein Angesicht leuchten über uns, damit man auf Erden deinen Weg erkenne, unter allen Heidenvölkern dein Heil" (Psalm 67,2-3; Schl. 2000).

14
Eine praktische Predigt

„Wer einem seiner Mitmenschen mit Verachtung begegnet, macht einen schweren Fehler, doch glücklich zu preisen ist, wer den Hilflosen beisteht!"

Sprüche 14,21; NGÜ

Und wieder kannst du deine Karte hinzuziehen! Dieses Mal sind wir unterwegs zu einer Stadt namens Tring in Hertfordshire, England. Ich glaube nicht, dass Spurgeon dorthin gegangen ist, um zu predigen, aber als die Leute in der Stadt erst einmal Wind davon bekommen hatten, dass er sich dort aufhielt, wollten sie ihn auch hören. Aber sie hatten natürlich keine Vorkehrungen getroffen, und so war die große Frage: Wo konnte die Veranstaltung abgehalten werden?

Sie erkundigten sich beim Pastor der Ortsgemeinde, aber der sagte: „Nein!" Er wollte nicht, dass Spurgeon in seiner Kirche predigte. Dann fragten sie den Vikar der Stadtkirche, aber auch der sagte: „Nein!"

Die Leute dachten dann, sie könnten die Versammlung im Freien abhalten, aber es war Winter und sehr kalt, sodass auch das keine gute Lösung war. Wo konnten sie sich aber versammeln? Spurgeon musste die Stadt am nächsten Morgen schon früh verlassen, so kam nur dieser Tag infrage. Und so sah es leider so aus, als hätten sie keine Gelegenheit, ihn überhaupt predigen zu hören.

Ein Landwirt hörte jedoch von dieser Misere und bot seine große Scheune an. Schnell war eine Behelfskanzel gebaut, und lange bevor die Versammlung beginnen sollte, war die Scheune schon überfüllt!

Als Spurgeon ankam, teilte er der Versammlung mit, dass er nur für eine Predigt angefragt worden sei, aber dass er gerne auch zwei halten würde! So hielt er die erste Predigt – ich weiß nicht, zu welchem Bibeltext, aber mit Sicherheit predigte er über das Evangelium und den Herrn Jesus Christus. Die Menschen hörten sehr gespannt zu.

Und wie stand es um die zweite Predigt? Sie war viel kürzer als die erste. Kannst du dir vorstellen, worüber sie war? Hier ein kleiner Tipp: Der Bauer war sehr arm. Spurgeon legte eine kurze Pause ein, als er sagte: „Und nun zu Predigt Nummer zwei – eine schlichte, praktische Predigt! Unser Freund (wobei er den Bauern meinte), der uns diese Scheune überlassen hat, ist ein armer Mann. Als ich ihn heute Morgen sah, trug er einen ganz zerfetzten Mantel. Sein Hemd hat mich durch die Löcher hindurch regelrecht angestarrt! Lasst uns also unserer Dankbarkeit für seine Freundlichkeit Ausdruck verleihen, indem wir ihm einen neuen Anzug kaufen.

Innerhalb weniger Minuten waren zehn oder zwölf Pfund gesammelt worden, was zu jener Zeit ausreichte, um gute und ordentliche Kleidung zu kaufen. Als Spurgeon zu seiner Gemeinde in London zurückkam, erzählte er den Leuten dort, was sich ereignet hatte, und einige von ihnen ließen auch sammeln und konnten so dem Bauern nochmals zwanzig Pfund extra schicken.

Wie Spurgeon es gesagt hatte, so war insbesondere seine zweite Predigt sehr praktisch und anschaulich. Die Bibel sagt: „Wer einem seiner Mitmenschen mit Verachtung begegnet, macht einen schweren Fehler, doch glücklich zu preisen ist, wer den Hilflosen beisteht!" (Sprüche 14,21; NGÜ). Wenn man also einmal darüber nachdenkt, so sollten doch alle Predigten eine praktische Folge nach sich ziehen und die Art, wie wir leben, beeinflussen. Wenn du das nächste Mal eine Predigt hörst oder die Bibel liest, frage dich einmal selbst: „Wie kann ich das in die Tat umsetzen? Was heißt das für mich? Was sollte ich tun?"

15

Ausdauer!

„Jesus wollte seinen Jüngern zeigen,
dass sie unablässig beten sollten,
ohne sich entmutigen zu lassen."
Lukas 18,1; NGÜ

In einem Dorf irgendwo in England gab es eine kleine Baptistengemeinde, die zu klein und zu arm war, um sich einen Pastor leisten zu können. Unter den Mitgliedern war auch ein frommer, älterer Gärtner, der die Vorkehrungen für die Gastprediger traf, und auch ein älteres Ehepaar, das diese Prediger an jedem Wochenende immer samstags bis montags beherbergte. Ihr Häuschen war zwar klein und ihr Essen einfach, aber die Wärme ihres Herzens und ihr großzügiger Empfang machten dies mehr als wett.

Der ältere Gärtner hatte es sich in den Kopf gesetzt, dass Spurgeon auch in seiner Gemeinde predigen sollte. Deshalb schrieb er ihn an und bat ihn, einmal zu kommen. Spurgeon schrieb zurück und sagte, dass es ihm leidtat, aber dass er es nicht schaffen würde. Das hielt den alten Mann nicht auf! Er schrieb wieder und bekam wieder die gleiche Antwort. Dann schrieb er ein drittes Mal und die Antwort war genauso wie zuvor. Doch er war entschlossen, und so schrieb er Spurgeon ein viertes Mal, wobei er ihm mitteilte, dass er ihm so lange schreiben würde, bis er kam. Ich glaube, dass Spurgeon so langsam ein bisschen genervt war, und bestimmt hatte er auch noch viele andere Briefe zu beantworten und viele andere Einladungen aus ganz England zum Predigen wahrzunehmen. Und so antwortete er nicht auf seinen vierten Brief. Doch der Gärtner war ganz schön hartnäckig! Er schrieb ihm regelmäßig einen Brief, bis er Dutzende geschrieben hatte.

In der Zwischenzeit hatte Spurgeon gehört, dass der alte Gärtner ein frommer Mann war, und so stimmte er letztlich dann doch zu, an einem Wochentag in der Gemeinde zu predigen. Er hatte auch von der Liebenswürdigkeit und Gastfreundschaft des älteren Ehepaars gehört. Und so ließ er sie wissen, dass er gerne eine Mahlzeit mit ihnen zusammen einnehmen würde, wenn er dann kam.

Als der Tag heranrückte, wurden überall in den umliegenden Dörfern Aushänge gemacht. Der Gutsherr vor Ort bekam dies mit und schrieb sofort an Spurgeon, um ihm seine Gastfreundschaft in seinem großen Haus zu erweisen. Spurgeon schrieb zurück und bedankte sich bei dem Gutsherrn für seine Freundlichkeit, erzählte ihm aber von dem frommen alten Paar, das sich jahrelang Woche für Woche um die Prediger gekümmert hatte, und dass vorgesehen war, dass er bei ihnen untergebracht sein sollte. Er hatte aber einen Vorschlag – dass der Gutsherr dem Ehepaar Essensvorräte schicken und sich zum Mittagessen und Tee zu ihnen gesellen könnte. Und so willigte der Gutsherr ein.

Der Tag kam. Das alte Ehepaar richtete sein kleines Häuschen her, sodass es hübsch und sauber aussah. Spurgeon war anwesend sowie der Gutsherr und der Gärtner, und da saß das Ehepaar in seiner besten Sonntagskleidung – mit all dem Essen und mit den Dienern des Gutsherrn, die sie alle in ihrem bescheidenen Haus bedienten.

Einer von Spurgeons Freunden sollte einige Jahre später einmal in dieser Gemeinde predigen und genoss die Gastfreundschaft des gleichen alten Paares. Die Frau ging zum Küchenschrank, schloss ihn auf und nahm eine Tasse und Untertasse heraus und sagte: „Schauen Sie! Das hier ist die Tasse mit Untertasse, aus der Mr. Spurgeon seinen Tee getrunken hat! Sie wurde seither nicht mehr benutzt. Aber zu Ehren ihres Besuches bei uns schenke ich Ihnen Ihren Tee in diese Tasse ein! Aber seien Sie vorsichtig und zerbrechen Sie die Tasse nicht!"

Wie kam es, dass der Gärtner Spurgeon dafür gewinnen konnte, in seiner Gemeinde zu predigen? Er besaß Ausdauer! Er machte immer weiter, bis er bekam, was er wollte! Jesus sprach darüber in dem Gleichnis von der hartnäckigen Witwe, das wie folgt beginnt: „Jesus wollte seinen Jüngern zeigen, dass sie unablässig beten sollten, ohne sich entmutigen zu lassen" (Lukas 18,1; NGÜ). Du kannst das Gleichnis in den ersten acht Versen dieses Kapitels im Lukasevangelium nachlesen. Die Witwe – so wie der Gärtner – blieb hartnäckig und hielt durch, bis sie bekam, was sie wollte.

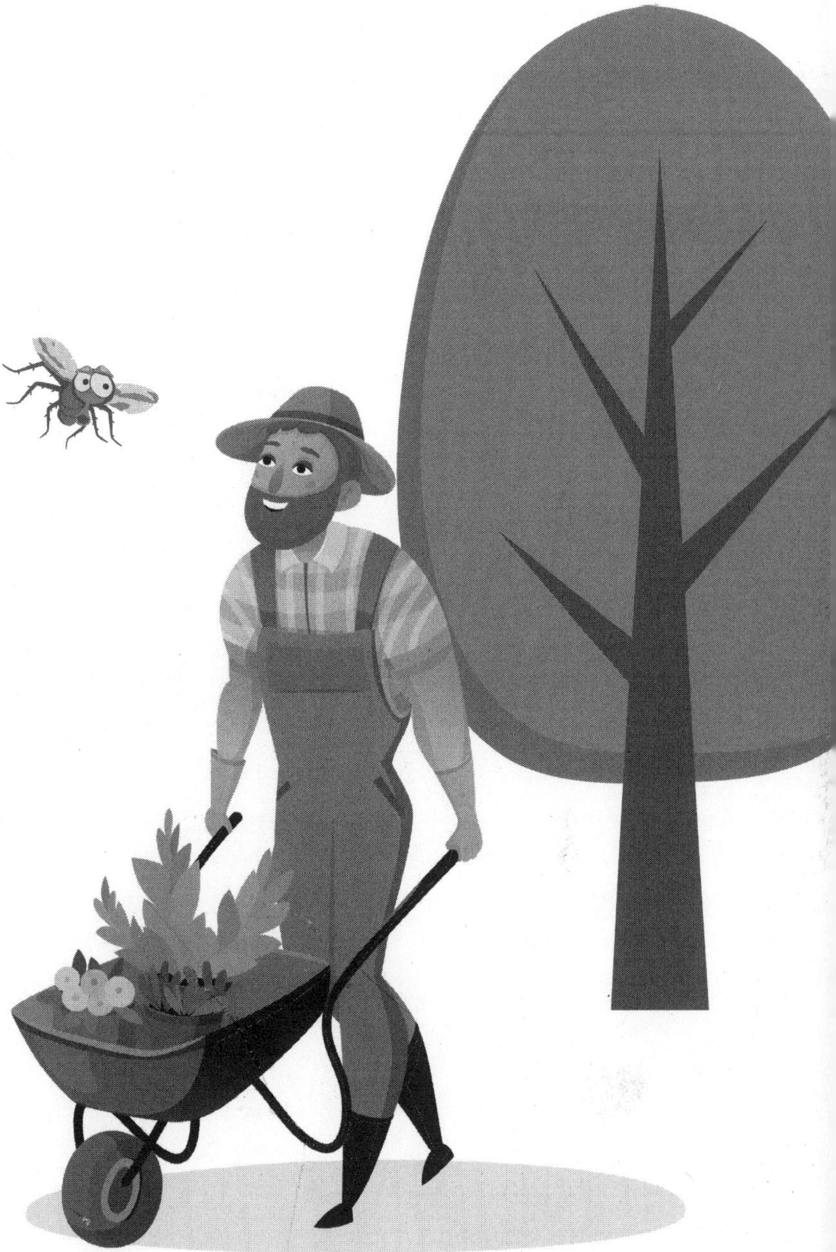

16
Rituale

„Aber seit ich Christus kenne, ist für mich alles wertlos,
was ich früher für so wichtig gehalten habe."
Philipper 3,7; HfA

Bei einer anderen Gelegenheit sollte Spurgeon in einer Gemeinde predigen und wie gewöhnlich wollten viele Leute ihn hören. Die Organisatoren mussten so viele Stühle wie möglich herbeischaffen. Und sie schafften es, auch einige Bänke (engl. „forms") zu bekommen. Im Englischen hat dieses Wort ganz unterschiedliche Bedeutungen, aber es kann eben auch Bank heißen – eine lange Sitzgelegenheit ohne eine Lehne.

So nahte also der Tag, an dem Spurgeon ankam und die Veranstaltung begann. Alle Anwesenden hörten ihm gespannt zu, als etwas Unerwartetes und Verblüffendes geschah. Eine der Bänke brach plötzlich entzwei und alle, die darauf saßen, fanden sich in peinlichen und teils komischen Positionen wieder – einige lagen auf dem Boden, andere lehnten über den Bänken in seltsam verwinkelten Stellungen.

Spurgeon unterbrach seine Predigt und fragte: „Wo habt ihr die Bänke denn her?" Jemand gab ihm eine Antwort darauf und er erwiderte: „O, dann haben Sie sie also nicht von der Kirche von England geliehen?! Dann wissen Sie nun, dass man unseren (forms) genauso wenig trauen kann wie denen von ihnen!"

Vielleicht kannst du ja das englische Wort „form" einmal in einem Wörterbuch nachschlagen?! Ich habe es auch nachgeschlagen und es hat viele unterschiedliche Bedeutungen. Ich zähle hier nur einige auf. Vielleicht kannst du herausfinden, welche Bedeutung Spurgeon gemeint hat?!

Das englische Wort „form" kann im Deutschen zum Beispiel Folgendes bedeuten:

Form, Gestalt; Ordnung, System; Zeremonie, Brauch; Benehmen, Anstand; (Schul-)Klasse; Lager (eines wilden Tieres, eines Hasen); Vorstrafenregister; Bank (ohne Lehne).

Spurgeon bezog sich dabei auf Zeremonien. In der Kirche von England und in vielen anderen Kirchen gibt es festgesetzte Bräuche und Rituale, und bestimmte Worte und Sätze müssen in jedem Gottesdienst von dem Geistlichen wiederholt werden. Aber wir können nicht darauf vertrauen, dass diese Bräuche oder Worte uns erretten. Bestimmte Rituale durchzuführen oder spezielle festgelegte Worte und Redewendungen zu gebrauchen, äußere Formen sozusagen, können uns nicht in den Himmel bringen! Vielleicht hat deine Gemeinde oder Kirche derlei nicht in ihren Gottesdiensten. Dagegen ist es vielleicht bei euch so, dass die Glaubenden getauft sind und auch regelmäßig am Abendmahl teilnehmen, bei dem sie das Brot essen, um daran zu erinnern, dass Jesu Leib gebrochen wurde, und von dem Becher trinken, um daran zu erinnern, dass Jesu Blut für sie vergossen wurde. Auch das sind Rituale, die keinen erretten können. Und das wollte Spurgeon damit andeuten. Nur das Vertrauen in den Herrn Jesus Christus kann dich erlösen und dich sicher in den Himmel bringen.

Der Apostel Paulus war jüdisch. Als er heranwuchs, durchlief er alle jüdischen Rituale und Bräuche, und in seinen früheren Jahren vertraute er darauf, dass solche Dinge ihn vor Gott gerecht machten würden. Darüber schreibt er auch in seinem Brief an die Philipper in Kapitel 3. Dann erlebte er seine Bekehrung auf der Straße nach Damaskus. Er war dem auferstandenen Herrn Jesus begegnet und er vertraute nun ihm allein! Das errettete ihn – und nicht die ganzen anderen Rituale und äußeren Formen. So schrieb er: „Aber seit ich Christus kenne, ist für mich alles wertlos, was ich früher für so wichtig gehalten habe." (Philipper 3,7; Hfa)

Was äußere Formen nicht für uns tun können, das kann Jesus für uns tun!

17
Beinahe-Unfälle

„Alle Zeiten meines Lebens sind in deiner Hand."
Psalm 31,16; NGÜ

Unfälle passieren immer und immer wieder. Manche vertrauen dem Glück oder dem Zufall, anstatt auf Gott zu vertrauen. Wenn sie einer Katastrophe entkommen sind, dann sagen sie: „Ich habe Glück gehabt!" Spurgeon wurde in einer Reihe von prekären Situationen vor schweren Unfällen und Katastrophen gerettet. Aber er wusste, dass er das nicht dem Glück zu verdanken hatte, sondern dem Herrn, der sich um ihn sorgte. So will ich hier nun von einigen Erlebnissen der Bewahrung Gottes berichten.

Einmal übernachtete er in einem Gasthaus auf der Isle of Wight. (Das kannst du am besten nochmals auf der Karte nachschlagen!) Dieses hatte ein reetgedecktes Dach. (Gibt es in deiner Nähe auch Reetdachhäuser?) Spurgeon war dort nur bis zum Samstag untergebracht, denn er musste nach London zurück, um am darauf folgenden Tag im Tabernacle zu predigen. An dem Sonntag jedoch – als Spurgeon sicher zurück war in seiner eigenen Gemeinde – kam ein schrecklicher Sturm auf der Isle of Wight auf, und eine Ulme wurde umgefegt und zerstörte genau das Zimmer, in dem er übernachtet hatte.

Ein anderes Mal war er in Schottland unterwegs und reiste gerade mit einer Pferdekutsche, als ein Teil des Geschirrs riss und Pferd samt Kutsche – mit Spurgeon darin – außer Kontrolle einen Hügel hinunterstürzten. Es gab nichts, was er oder irgendjemand sonst tun konnte, um das Pferd zu lenken oder zu stoppen. Wenn der Pferdewagen unten am Hang ankam, konnte er entweder nur nach rechts oder links abbiegen. Hätte er – bei einer solch hohen Geschwindigkeit – nach links gedreht, wäre die Kutsche, die um die Ecke biegen musste, umgekippt; hätte der Pferdewagen aber nach rechts gedreht, wäre er von einer Böschung aufgehalten worden, die die Kutsche vor dem Umkippen bewahrt hätte. Doch welchen Weg würde das Pferd einschlagen? Nun, es drehte nach rechts ab, die Kutsche kippte nicht um, zerschellte nicht, und das Pferd und die Kutsche kamen bald darauf zum Stehen – und Spurgeon war sicher!

Bei einem seiner jährlichen Aufenthalte in Südfrankreich reiste er einmal mit einem anderen Zug wie sonst üblich. Später erfuhr er, dass der Zug, den er normalerweise nahm, in einen Unfall verwickelt war und dass viele Menschen verletzt worden waren.

Spurgeon sprach gerade in Halifax. Dort war eigens für diesen Zweck eine riesige Holzkonstruktion errichtet worden, damit viele Leute ihn Gottes Wort predigen hören konnten. Sechstausend Zuhörer waren gekommen. Zwei Treffen wurden abgehalten. Und an dem Tag hatte es geschneit. Nun ist ja bekannt, dass Schnee sehr schwer sein kann. Sicherlich hast du Schnee auch schon über verschneiten Boden zu einem Schneeball gerollt, der immer größer wurde – und schwerer und schwerer! Als die Besucher nach der Abendveranstaltung gerade am Hinausgehen waren, gab einer der Stützträger, der die Empore hielt, nach, weil die Last des Schnees auf dem Segeltuchdach zu groß war, und zwei der Zuhörer brachen sich das Bein. Drei Stunden, nachdem alle Gäste gegangen waren, stürzte das ganze Gebäude dann ein. Spurgeon sagte, dass, wenn das während der Predigt passiert wäre, viele Menschen getötet worden wären, und das hätte auch ihn treffen können!

Das waren „Beinahe-Unfälle", nicht wahr?! Wenn Spurgeon noch eine Nacht in dem Gasthaus auf der Isle of Wight übernachtet hätte, wenn das Pferd nach links, statt nach rechts abgebogen wäre, wenn er seinen üblichen Zug in Frankreich genommen hätte oder wenn das Dach ein paar Stunden früher zusammengekracht wäre, wäre Spurgeon vielleicht ernsthaft verletzt oder sogar getötet worden. War das etwa Glück oder reiner Zufall? Sicher nicht! Gott hält alle Dinge in seiner Hand und sein Wille geschieht. Das heißt nun nicht, dass wir nie einen Unfall erleiden werden, aber es heißt, dass, wenn wir ihm vertrauen, wir nie Angst haben müssen. Der Psalmist sagt: „Alle Zeiten meines Lebens sind in deiner Hand" (Psalm 31,16; NGÜ).

18

Wo und wann kann man beten?

„Lasst euch durch nichts vom Gebet abbringen!"
1. Thessalonicher 5,17; NGÜ

Kannst du diese Frage beantworten: „Was ist Gebet?"
Vielleicht hast du schon einmal ein sehr hilfreiches kleines Buch in die Hand bekommen: „Der kleine Kinderkatechismus". Ein Katechismus ist ein Buch mit Fragen und Antworten, das sich auf die Lehren der Bibel gründet. Die Antwort in diesem Katechismus auf die Frage nach dem Gebet lautet: „Gebet ist Reden mit Gott."

Es ist ein Wunder, dass normale, sündige Menschen mit Gott reden können. Er ist vollkommen heilig, und das heißt, dass er nichts mit der Sünde oder dem Bösem zu tun haben kann. Unsere Sünden halten uns von Natur aus von Gott fern, sodass wir nicht mit ihm reden können. Er sandte jedoch seinen Sohn, den Herrn Jesus Christus, um sein Volk von seinen Sünden zu retten. Und wenn wir Jesus und seinem Tod am Kreuz vertrauen, können wir Gemeinschaft mit Gott, unserem Vater, haben, wir können mit ihm im Gebet reden und auf ihn hören, wenn er zu uns durch sein Wort, die Bibel, spricht.

Du kannst ja auch nicht einfach mit der Queen oder dem Premierminister reden, aber wenn du Jesus vertraust, kannst du direkt in Gottes Gegenwart kommen und mit ihm reden, und du kannst wissen, dass er dir zuhört.

Doch wo und wann können wir beten? Jesus sagte in der Bergpredigt: „Wenn du beten willst, geh in dein Zimmer, schließ die Tür, und dann bete zu deinem Vater, der auch im Verborgenen gegenwärtig ist" (Matthäus 6,6; NGÜ). Alle Christen sollten regelmäßig bzw. täglich eine Stille Zeit allein mit dem Herrn haben und mit ihm reden und auf ihn hören. Wir kennen es auch, dass Gottes Kinder sich in der Kirche treffen und dort beten. Es gibt noch viele Beispiele in Bezug auf das Gebet im Neuen Testament. Aber man muss auch nicht nur im eigenen Zimmer oder in der Gemeinde sein, um zu beten. Du kannst immer und überall beten!

Spurgeon betete natürlich auch. Aber er war nicht die Art von Person, die jeden Morgen um vier Uhr aufwachte und sechs Stunden im Gebet verbrachte. John Knox, ein großer schottischer Reformator, hatte einen Schwiegersohn namens John Welch, der jeden Tag eine Dreiviertelstunde im Gebet verbrachte. Ich weiß nicht, wie er das geschafft hat! Nur wenige Leute schafften das. Spurgeon sagte: „Ich sehe nicht die Berufung oder Notwendigkeit für eine solche feste Gebetszeit. Ich verbringe in der Regel nur ein paar Minuten, manchmal sogar nur einige Augenblicke im Gebet. Ich nehme eine Verheißung und bitte eindringlich darum oder lege meine Sache vor Gott und lasse sie los. Ich sehe nicht, dass es mehr braucht."

Doch Spurgeon war sich des Herrn immer bewusst und immerzu bereit zum Gebet. Eines Tages unternahm er mit einigen Freunden eine Bahnreise. Er hatte einen großartigen Sinn für Humor, und so hatten sie eine sehr schöne Zeit zusammen. Dann sagte er unvermittelt: „Meine lieben Brüder, ich habe mich gerade an etwas erinnert! Lasst uns doch gemeinsam dafür beten!" Er erzählte ihnen, an was er gerade gedacht hatte, und leitete sie dann im Gebet.

Es gibt im ersten Brief des Apostels Paulus an die Thessalonicher einen sehr kurzen Vers: „Lasst euch durch nichts vom Gebet abbringen!" (1. Thessalonicher 5,17; NGÜ).

19
Wessen Predigt?

„Ich will hören, was Gott, der Herr, sagt.
Frieden verspricht er seinem Volk,
all denen, die ihm treu sind."
Psalm 85,8; NGÜ

Manchmal sind auch Christen traurig und deprimiert und fragen sich, ob sie überhaupt Gottes Kinder sind. Zweifel schleichen sich bei ihnen ein und sie fühlen sich immer schlechter. Eines Sonntags fühlte sich Spurgeon so. Er hatte an dem Tag nicht geplant zu predigen, was recht ungewöhnlich für ihn war und vielleicht auch einmal eine gute Sache zu sein schien! Er hielt sich auch nicht in London auf, sondern irgendwo anders in England in einem Ort auf dem Land.

Einige Gläubige bleiben der Kirche fern, wenn sie sich nicht so gut fühlen, was aber genau das Falsche ist! Spurgeon war klug genug, um das zu wissen: Ob er sich danach fühlte oder nicht, ob er froh oder traurig war, so sollte er sich doch aufmachen und den Herrn an den Sonntagen loben und anbeten. Und so ging er zu der Gemeinde am Ort. Der Prediger an dem Tag war nicht der Pastor der Gemeinde – sondern jemand, der normalerweise als Ingenieur arbeitete und gelegentlich an den Sonntagen die Predigt hielt. Er war das, was wir auch mitunter als „Laienprediger" bezeichnen.

Spurgeon hörte zunächst der Lesung aus Gottes Wort zu – was wir auch alle tun sollten – und dann der Predigt. Er war gespannt darauf, zu hören, was Gott ihm dadurch zu sagen hatte. Es sollte für ihn eine einzigartige Botschaft sein und Gott sprach sehr deutlich durch sie zu ihm. Während er so zuhörte, verließ ihn die Depression, und er war – erneut – überzeugt, dass er ein wahrer Gläubiger war und wirklich dem Herrn Jesus Christus vertraute.

Seine Zweifel verschwanden allesamt, und er freute sich wieder, dass er ein Kind Gottes war.

Ihm war bewusst, dass die Diener des Herrn manchmal Ermutigung brauchen, insbesondere wenn er sie dazu benutzt, andere zu segnen. Nach dem Gottesdienst ging er deshalb zu dem Prediger und sprach ihn an: „Ich danke Ihnen sehr für diese Predigt!" Dieser hatte Spurgeon nicht erkannt und fragte ihn: „Wer sind Sie?" „Spurgeon", war die Antwort.

Dann bekam der Prediger einen knallroten Kopf, weil er so beschämt war. Und möchtest du wissen, warum?

Er sagte: „Warum danken Sie mir? Es war doch eine ihrer Predigten, die ich heute Morgen gepredigt habe!" Er hatte eine Kopie von Spurgeons Predigten in die Hand bekommen und hatte diese gehalten, anstatt eine eigene vorzubereiten.

Spurgeon entgegnete ihm: „Ja, das weiß ich; aber das war genau die Predigt, die ich hören musste!"

Spurgeon wurde eine seiner eigenen Predigten gepredigt und Gott hatte dadurch zu ihm gesprochen!

Gott spricht heute durch sein Wort, die Bibel, zu uns, und gute Predigten und Bücher können uns helfen, ihre Bedeutung zu verstehen. Wenn wir zur Kirche gehen und uns eine Predigt anhören, sollten wir sagen: „Ich will hören, was Gott, der Herr, sagt. Frieden verspricht er seinem Volk, all denen, die ihm treu sind" (Psalm 85,8; NGÜ).

20

Der Himmel

„Er wird ihnen alle Tränen abwischen.
Es wird keinen Tod mehr geben, kein Leid, keine Klage und
keine Schmerzen; denn was einmal war, ist für immer vorbei."
Offenbarung 21,4; HfA

Eines Tages sprach Spurgeon in einer englischen Dorfkapelle und er predigte gerade über den Himmel. Er sprach von der himmlischen Herrlichkeit, davon, wie wunderbar es dort ist und wie wunderbar es sein wird, einmal an diesem herrlichen Ort zu sein. Ich weiß nicht, welcher Bibeltext seiner Predigt zugrunde lag oder was er genau sagte, aber in Gottes Wort gibt es viele Bezugnahmen auf den Himmel. Vielleicht war ja das sein Text?: „Er wird ihnen alle Tränen abwischen. Es wird keinen Tod mehr geben, kein Leid, keine Klage und keine Schmerzen; denn was einmal war, ist für immer vorbei."
(Offenbarung 21,4; HfA)

Der Himmel ist mit Sicherheit ein wunderbarer Ort, nicht wahr! Es ist ein Ort, wo niemand jemals sterben wird. So wird es dort keine Beerdigungen und keine Friedhöfe geben. Kannst du dir vorstellen, nie traurig oder besorgt zu sein? In unserer Welt dagegen passieren viele Dinge, die uns traurig machen, aber im Himmel wird sich nie jemand so fühlen. Hast du schon einmal geweint? Bestimmt hast du das, aber dort oben wirst du nie eine Träne in jemandes Augen sehen! Und wie steht es mit dem Schmerz? Wir alle wissen, was es heißt, zu leiden. Niemand im Himmel muss je irgendwelche Medikamente einnehmen oder zum Arzt gehen oder im Krankenhaus liegen. Dort wird es keine Unfälle oder Krankheiten, keine Medizin, keine Ärzte und keine Krankenhäuser geben! Der Himmel ist ein herrlicher Ort, und das Beste daran ist, dass der

Herr Jesus Christus, unser Erlöser, dort ist. Er ist im Zentrum des Himmels! Er macht den Himmel zum Himmel!

Wenn du das nächste Mal in der Gemeinde einer Predigt zuhören wirst, denk daran, dass sich Prediger umsehen und jede Person in der Versammlung sehen. Und sie beobachten, ob jemand interessiert dreinblickt oder gerade an andere Dinge denkt. Nun, an dem Tag sah Spurgeon sich um und bemerkte besonders eine Dame mit einem großen und sehr freudigen Lächeln auf dem Gesicht! Sie hörte genau zu, als er über den Himmel sprach, und als sie darüber nachdachte, erfüllte sie das mit Freude! Sie freute sich darauf, dorthin zu kommen.

Später fiel sein Blick noch einmal auf sie, und er sah, dass sie immer noch dieses freudige Lächeln auf dem Gesicht hatte. Aber dann bemerkte er auch, dass sie sich überhaupt nicht bewegte! Sie lächelte und hatte dann ganz aufgehört sich zu bewegen! Warum? Was war geschehen? Errätst du es?

Dann sagte Spurgeon: „Meine lieben Freunde, ich glaube, dass unsere Schwester dort drüben tot ist!" Sogleich gingen einige Leute zu ihr hinüber und er hatte ganz recht: Sie war gestorben! Sie trugen ihren Körper aus der Kirche hinaus, und ihr Tod mitten in der Predigt machte einen gewaltigen Eindruck auf jeden Anwesenden, besonders auf Spurgeon selbst. Ich bin mir sicher, dass keiner, der an dem Tag anwesend war, jemals vergaß, was passiert war, oder das Thema der Predigt vergaß, das er gehört hatte: der Himmel!

Wenn du so darüber nachdenkst: War das nicht eine wunderbare Art für einen Christen zu sterben – von der Herrlichkeit des Himmels zu hören und beim Hören geradewegs dorthin zu gehen?! Ich habe schon gehört, wie Leute zu anderen sagten: „Wenn du nicht artig bist, wirst du nicht in den Himmel kommen!" Das Problem dabei ist nur, dass niemand von uns je so gut sein kann, dass er auch dorthin kommt. Deshalb brauchen wir den Erlöser. Nur indem wir ihm vertrauen, können wir an diesen schönen Ort gelangen. Ich hoffe, dass du dorthin kommst und für dich selbst herausfindest, wie wunderbar und herrlich der Himmel ist.

21

Die Sterne

„Wenn ich den Himmel sehe, das Werk deiner Hände,
den Mond und die Sterne, die du erschaffen
und an ihren Ort gesetzt hast ..."
Psalm 8,4; NGÜ

Spurgeon reiste gerne nach Schottland mit seinen wunderschönen Bergen und Schluchten. Vielleicht warst du auch schon dort oder hast sogar das Vergnügen, dort zu leben, so wie in meinem Fall! Eines Tages war er unterwegs in einer schönen schottischen Schlucht. Er reiste zusammen mit einem seiner Freunde, der auch Pastor einer Kirche war, einem Mr. Williams. Sie redeten gerade über verschiedene Dinge, als Spurgeon eine Idee kam.

Er sagte: „Leg mir einen Text vor, Williams, und ich werde dir eine Predigt dazu halten!"

Wenn jemand das zu dir sagen würde, welchen Text aus der Bibel würdest du dann wählen? Vielleicht würdest du einen ganz bekannten Vers aussuchen, wie z. B. aus dem Johannesevangelium, Kapitel drei, Vers sechzehn. Weißt du, was dort steht? Es ist ein sehr schöner Vers, der sich gut auswendig lernen lässt. Schau ihn mal nach und versuche ihn, so gut es geht, Wort für Wort zu behalten.

Doch Williams wählte diesen Vers nicht aus, genauer gesagt er wählte keinen bekannten Bibeltext aus. Er kannte Spurgeon gut und er wollte es ihm nicht leicht machen. So bemühte er sich, einen Vers herauszufinden, über den, so hoffte er, es sich schwer predigen ließ. Er sah das als eine Herausforderung an! Er dachte darüber nach, und schließlich nahm er den folgenden Vers und insbesondere den Schlussteil: „einen anderen Glanz hat die Sonne und einen anderen Glanz der Mond, und einen anderen Glanz haben die Sterne; denn ein

Stern unterscheidet sich vom anderen im Glanz" (1. Korinther 15,41; Schl 2000). Ich glaube nicht, dass viele Prediger diesen Vers auslegen wollen, zumindest nicht aus dem Stand heraus – Ich jedenfalls würde das nicht wollen!

Nun, Spurgeon war wirklich ein sehr kluger Kopf und wusste allerhand über so viele verschiedene Dinge. Sofort begann er mit seiner Stegreifpredigt, wobei er die Herrlichkeit von bestimmten speziellen Sternen aus unterschiedlichen Konstellationen beschrieb. Dabei nannte er in jedem einzelnen Fall den Namen und die Position des Sterns am Himmel, bis Williams staunend zuhörte und sich wünschte, dass er das alles niederschreiben könnte! Er sagte im Rückblick auf diese faszinierende Predigt: „Noch nie habe ich ihn etwas Erhabeneres tun gehört, auch wenn er zu Tausenden von Versammelten predigte!"

Spurgeon muss oft seinen Blick hoch zu den Sternen gerichtet haben und er hatte viel über sie gelernt. Ein Mann, der in der Bibel genannt wird, hat ebenfalls zum Himmel geblickt: König David. Er schrieb: „Wenn ich den Himmel sehe, das Werk deiner Hände, den Mond und die Sterne, die du erschaffen und an ihren Ort gesetzt hast, dann staune ich: Was ist der Mensch, dass du an ihn denkst? Wer ist er schon, dass du dich um ihn kümmerst!" (Psalm 8,4-5; NGÜ).

Wenn es gerade Nacht ist bei dir (oder wenn es Tag ist und später dann dunkel ist), dann schau mal aus dem Fenster und sieh, ob du einen Stern sehen kannst. Wie weit sind die Sterne doch von uns entfernt, dort oben, wo sie am Nachthimmel funkeln! Und dann denke einmal daran, wie David das tat, dass Gott sie alle geschaffen hat – und noch viele mehr, die wir nicht sehen können. Er ist der Gott, der alle Dinge erschaffen hat. Dann denke an die herrliche Tatsache, dass dieser große und glorreiche Gott ein Interesse hat an den kleinen Menschen wie du und ich. Er sandte sogar seinen Sohn, den Herrn Jesus Christus, in die Welt, um all die zu retten, die ihr Vertrauen in ihn setzen. Und wenn du den Vers sechzehn in Kapitel drei des Johannesevangeliums nachgeschlagen hast, weißt du auch, dass es das ist, was der Vers aussagt!

22

Gottes Wort hören und anwenden

„Meine Schafe hören auf meine Stimme.
Ich kenne sie, und sie folgen mir."
Johannes 10,27; NGÜ

Alle möglichen Leute machten sich auf, um Spurgeon predigen zu hören: Christen und Nichtchristen, Reiche und Arme, Junge und Alte. Eines Tages kam ein Christ aus den Außenbezirken von London und wollte ihn hören. Als er zum Metropolitan Tabernacle kam, schaute er sich um und war sehr überrascht, noch einen anderen Mann aus seinem Dorf zu sehen, der gerade die Kirche betrat. Er war nicht so sehr überrascht davon, jemanden zu sehen, den er kannte, sondern gerade diesen Mann dort zu sehen, weil er nicht die Art Mensch war, von dem er erwartet hätte, dass er sich das Wort Gottes anhört, das hier treu gepredigt wurde.

Natürlich sollten wir uns freuen, wann immer jemand kommt, um Gottes Botschaft zu hören. Vielleicht haben diese Menschen noch nie zuvor das Evangelium gehört, und sie verstehen nicht wirklich, warum der Herr Jesus Christus am Kreuz starb. Vielleicht sind ihnen noch nicht ihre Sünden vergeben worden, deshalb müssen sie unbedingt den Heilsweg verstehen. Viele Leute, die noch nicht errettet waren, kamen, um Spurgeon zu hören, und darüber war er sehr froh. Und wann immer er predigte, versuchte er sie herauszufordern, die Erlösung ihrer unsterblichen Seele anzunehmen, und sie einzuladen, zu Christus zu kommen.

Nun, dieser Christ aus den Außenbezirken ging vor dem Tabernacle auf den anderen Mann zu und sagte: „Ich bin überrascht, dich hier zu sehen!" Der Mann musste Spurgeon schon einmal gehört haben, weil er antwortete: „Tja, jedem Mann wird hier seine eigene Geschichte erzählt!"

Er erkannte, dass Gott durch Spurgeons Predigten zu ihm sprach und dass das, was gesagt wurde, auf ihn zutraf. Er hatte den Eindruck, als ob Gott zu ihm sagen wollte, dass er alles über ihn wusste. Das Leben, das er geführt hatte, die Sünden, die er begangen hatte, seine Hoffnungen und Ängste – das alles kannte Gott!

Gott ist heute immer noch derselbe, und er spricht immer noch zu uns, wenn wir der Auslegung seines Wortes zuhören. Das ist einer der Gründe, warum Christen zur Kirche gehen. Sie gehen dorthin, um mit Gott im Gebet zu sprechen, um ihn zu loben und ihm zu danken und ihn um das zu bitten, was sie brauchen. Aber sie gehen auch dorthin, um zu hören, was er ihnen zu sagen hat. Das ist eine Kommunikation in beide Richtungen! Wir sprechen mit ihm im Gebet und er spricht zu uns in seinem Wort.

Gott weiß alles über dich: Alles, was du jemals gesagt oder getan hast – deine ganze Situation –, und er hat dir etwas zu sagen! Vielleicht ist das etwas über deine Sünde, darüber, wie du ihm ungehorsam warst, wie du aus seiner Sicht schuldig bist. Vielleicht ist es aber auch etwas über seine Heiligkeit, darüber, wie er die Sünde hasst und wie er sie bestrafen muss. Vielleicht ist es auch über den einzigen Ausweg – die Abkehr von deiner Schuld und das Vertrauen auf seinen Sohn und seinen Tod am Kreuz. Vielleicht hat er dir aber auch etwas darüber zu sagen, wie du Tag für Tag ein Leben führen kannst, das ihm gefällt.

Ich frage mich, ob du wirklich erwartest, dass Gott zu dir spricht, wenn du zur Kirche gehst und auf die Auslegung seines Wortes hörst. Jesus sagte einmal: „Meine Schafe hören auf meine Stimme. Ich kenne sie, und sie folgen mir" (Johannes 10,27; NGÜ). Er kennt die Seinen, er spricht zu ihnen, und sie hören auf das, was er zu sagen hat, und sie folgen ihm.

23

Was wir WIRKLICH glauben

„Was ich euch aber schreibe – siehe, vor Gottes Angesicht –, ich lüge nicht!"
Galater 1,20; Schl. 2000

Nun erzähle ich euch noch eine andere Geschichte über zwei Männer, die Freunde waren. Eines Tages trafen sie sich auf der Straße. Einer war Christ und der andere war Atheist. Weißt du denn, was ein Atheist ist? Es ist jemand, der der Meinung ist, dass Gott nicht existiert. Gott machte die Welt, in der wir leben, und er erschuf jeden von uns – ein Atheist jedoch ist der Ansicht, dass es keinen Gott gibt!

Als die beiden sich trafen, fragte der Atheist den Christen: „Wohin gehst du?" Der Christ antwortete: „Zum Tabernacle! Und wohin gehst du?" Der Atheist meinte: „Ich gehe auch dorthin!"

Das war eine Überraschung für den Christen. Er hatte nicht erwartet, dass sein atheistischer Freund hören wollte, was Spurgeon aus der Sicht der Bibel zu sagen hatte. So sprach er ihn an: „Du willst mir doch nicht weismachen, dass du an das glaubst, was Spurgeon zu sagen hat?" Die Antwort, die er erhielt, war sehr interessant: „Nein, aber er glaubt es!"

Der Atheist erkannte, dass – auch wenn er selbst nicht an das glaubte, was da gerade gepredigt wurde – Spurgeon selbst fest daran glaubte. Er bemerkte, dass das Wort Gottes zu predigen, für ihn nicht nur ein Job war oder lediglich etwas, was er nun mal ganz gerne tat. Er predigte über die Bibel, weil er der Bibel wirklich Glauben schenkte! Er glaubte, was sie sagte, und insbesondere, was sie über den Weg des Heils sagte.

Einige Leute scheinen der Ansicht zu sein, dass die Botschaft des Evangeliums von der Vergebung der Sünden und die Verheißung des

Himmels nur etwas ist, um uns aufzumuntern und unsere Stimmung zu heben. Sie denken, dass sie nicht unbedingt wahr sein muss; manche behaupten heutzutage sogar, dass – auch wenn sie bewundern, was die vier Evangelien uns über Jesus zu sagen haben – nicht viele der Dinge, die über ihn geschrieben sind, sich auch tatsächlich ereignet hätten. Sie glauben nicht an die Jungfrauengeburt (dass Maria seine Mutter, aber Joseph nicht sein Vater war, weil Gottes Heiliger Geist in seiner einzigartigen Geburt beteiligt war) oder daran, dass Jesus all die erstaunlichen Wunder tat, von denen in den Evangelien berichtet wird, oder dass er, als er am Kreuz starb, die Strafe für die Sünden all derer auf sich nahm, die an ihn glauben würden, oder dass er nach seinem Tod am dritten Tage wieder auferstand.

Kennst du einige der Wunder, die Jesus getan hat?
Er verwandelte ………….…....... in ………....….…..... .
Er stillte einen ……..….…..….... .
Er lief auf …….…..….……..... .
Er gab dem Blinden ……….…....…... .
Er erweckte selbst ………....….…... wieder zum Leben.

All das sind Wahrheiten, an die Christen glauben. Wir sind überzeugt davon, dass die Bibel vertrauenswürdig ist und die Wahrheit sagt. Wir plappern solche Dinge nicht einfach nur so dahin – wir glauben von ganzem Herzen, dass sie wahr sind! Was der Apostel Paulus den Christen in Galatien schrieb, kann auf die gesamte Bibel angewandt werden: „Was ich euch aber schreibe – siehe, vor Gottes Angesicht – ‚ich lüge nicht!'" (Galater 1,20; Schl. 2000).

24
Eine Predigt für einen Bauern

*„Ich aber bin der gute Hirte und kenne meine Schafe,
und sie kennen mich."*
Johannes 10,14; HfA

Alle Prediger müssen, bevor sie eine Predigt halten, sich selbst fragen: „Worüber soll ich predigen?" Natürlich wird ein treuer Prediger immer das Wort Gottes verkünden – aber da gibt es so viel in diesem Wort! Spurgeon, der so häufig predigte, stellte sich immer die Frage: „Über welches Thema oder welchen Vers aus der Bibel soll ich als Nächstes sprechen?"

Spurgeon hatte zwei Söhne, Charles und Thomas, und als sie erwachsen waren, wurden sie beide Prediger. Einmal war Charles unterwegs, um bei einigen besonderen Veranstaltungen auf dem Land zu sprechen. Er nahm den Zug, und als er an der richtigen Station ausstieg, fand er ein Pferd und eine Kutsche vor, die für ihn bereitstanden, um ihn zur Kirche zu bringen, wo die Versammlung stattfinden sollte. Der Kutscher war ein ortsansässiger Bauer.

Es dauerte nicht lange, bis die beiden ins Gespräch kamen. Der Bauer sagte zu Charles: „So, Sie Mr. Spugen, der Sohn von großem Mann in Lunnon! Ich gewesen sein einmal in Lunnon und ihn hören! Ich war zur Viehschau dort und ging rüber zu der großen Kapelle, und er dort predigte über … SCHAFE! Halleluja! Er wusste mehr über Schafe als ich; und ich doch Bauer mein ganzes Leben gewesen!" Er sprach zwar Englisch, doch eine Art Englisch, das von den Landbewohnern manchmal gesprochen wurde. Vielleicht kannst du ein paar seiner Fehler ja richtigstellen?

Spurgeon wusste jede Menge über eine ganze Reihe von Dingen, und der Bauer gestand ein, dass er noch nicht einmal so viel von

Schafen wusste wie Spurgeon! Ich weiß zwar nicht genau, worum es in der Predigt ging, aber vielleicht fallen dir ein paar Bibelverse ein, in denen von Schafen die Rede ist?

Es gibt in der Bibel einen Vers, der uns mit Schafen vergleicht, weil wir oft so dumm sind und umherwandern und verloren gehen: „Wir alle gingen in die Irre wie Schafe" (Jesaja 53,6; Schl 2000). Dieser Vers steht im Alten Testament, aber das Neue Testament enthält auch Anspielungen auf Schafe und auch auf einen besonderen Hirten. Damit ist der Herr Jesus Christus gemeint, der von sich sagte: „Ich aber bin der gute Hirte und kenne meine Schafe, und sie kennen mich" (Johannes 10,14; HfA). Wenn wir uns ihm anvertrauen, dann ist er unser Hirte, und zwar ein guter Hirte, der sich um seine Schafe kümmert, nach ihnen schaut und sie mit Nahrung versorgt.

Du hast sicherlich schon Schafherden draußen auf dem Feld gesehen; für gewöhnlich waren sie allein und ohne einen Hirten. Zu biblischen Zeiten war das noch ganz anders. Damals blieb ein Hirte immer bei seinen Schafen und verteidigte sie gegen jegliche wilden Tiere, die in der Nähe sein mochten, und gegen Diebe und Räuber. Immer wenn die Schafe weiterziehen mussten zu frischen Weiden, zog der Schäfer vor ihnen her und zeigte ihnen den Weg. Und sollte sich ein Schaf einmal verirrt haben und abgewandert sein, ging er ihm nach, um es aufzufinden und zur Herde zurückzubringen. Denke einmal darüber nach, wie der Herr Jesus als der Gute Hirte all diese Dinge für seine Schafe tut!

Und noch etwas könntest du tun. Wirf einen Blick in ein Gesangbuch und schaue einmal nach, wie viele Lieder du zum Thema Schafe und Guter Hirte finden kannst.

25

Immer die gleiche Botschaft

„Ich wollte bewusst von nichts anderem sprechen als von Jesus Christus, dem Gekreuzigten."
1. Korinther 2,2; HfA

Nachdem Spurgeon über zwanzig Jahre als Pastor am Metropolitan Tabernacle gearbeitet hatte, erkannte er eines Sonntags einen Amerikaner in seiner Gemeinde wieder, der ihn viele Jahre zuvor hatte predigen hören. Spurgeon meinte, dass der Besucher bald merken würde, dass er immer noch über die gleichen alten Wahrheiten aus der Bibel predigen würde wie in den vergangenen Jahren. Er hatte nicht damit begonnen, über Jesus und seinen Kreuzestod zu predigen und war dann zu einem anderen Thema übergegangen. Nein, er predigte immer noch alles über Jesus, alles über das Kreuz, alles über die Vergebung, alles über den Glauben bzw. das Vertrauen in den Herrn.

Dann erzählte Spurgeon eine Geschichte über einen Mann, der zur damaligen Zeit in London sehr bekannt war: Richard Cecil. Eines Morgens, als Richard noch ein Junge war, nahm sein Vater ihn mit in die Stadt und bat ihn, eine Zeit lang in einer Einfahrt zu warten, bis er zurückkam. Nun gut, sein Vater hatte viele Dinge zu erledigen und musste viele Leute sprechen und war so beschäftigt, dass er darüber ganz und gar seinen Sohn Richard vergaß!

Der Tag verging und am Abend ging der Vater nach Hause. Es dauerte nicht lange und er wurde gefragt: „Wo ist denn Richard?"

Erst da dachte er wieder an seinen Sohn! „Ach du meine Güte! Ich habe ihn am Morgen an der und der Einfahrt zurückgelassen und habe ihm gesagt, er solle dort warten, bis ich zurückkäme, und wahrscheinlich steht er dort immer noch!"

So flitzten der Vater und noch andere aus der Familie zurück in die Stadt, und dort stand der arme Richard noch immer und wartete in der Einfahrt.

Nachdem Spurgeon diese Geschichte erzählt hatte, verglich er sein Leben mit dem des jungen Richard. Er hatte seine Anweisungen von seinem Meister, dem Herrn Jesus Christus, und so blieb er dort, wo Jesus es ihm gesagt hatte, und predigte weiterhin die alten Wahrheiten aus der Bibel. Er sagte: „Von Christus liebe ich es, zu sprechen – von Christus, der liebte und lebte und starb – stellvertretend für uns Sünder – der Gerechte für die Ungerechten, damit er uns zu Gott brächte!"

Wenn du zur Kirche oder in den Kindergottesdienst gehst, wirst du Woche für Woche von Gott und Jesus hören, vom Kreuz und der Sünde. Vielleicht geht es dir ja so, dass du manchmal gerne etwas anderes hören würdest, aber die Botschaft des Evangeliums ist die wichtigste Sache, die du je zu hören bekommst. Und selbst wenn du diese Dinge ein Leben lang hörst, gibt es immer noch etwas zu lernen für dich. Wenn du einen älteren Christen vielleicht fragst: „Verstehst du alles, was über den Herrn Jesus Christus gesagt ist? Verstehst du die ganze Bibel?", dann wirst du schnell feststellen, dass selbst der reifste Christ immer noch ein Lernender ist und dass wir nie zu viel über den Erlöser wissen können.

Der Apostel Paulus hatte die rechte Einstellung. Er schrieb: „Ich wollte bewusst von nichts anderem sprechen als von Jesus Christus, dem Gekreuzigten" (1.Korinther 2,2; HfA).

26
Mit klaren Worten

„Was meine Verkündigung kennzeichnete,
waren nicht Überredungskunst und kluge Worte;
es war das machtvolle Wirken von Gottes Geist."

1. Korinther 2,4; NGÜ

Spurgeon wurde von vielen Leuten kritisiert. Und einige meinten, er wäre recht ungeschliffen in der Art und Weise, wie er sprach. Mit anderen Worten: Er verwendete keine blumige Sprache. Und das stimmte auch. Er versuchte nicht, großartige Reden zu schwingen, stattdessen benutzte er eine Sprache, welche die Leute auf Anhieb verstehen konnten. Ich vermute mal, dass du schon weißt, warum das so war! Er wusste, dass er etwas sehr Wichtiges zu sagen hatte, denn es hatte damit zu tun, wo seine Zuhörer die Ewigkeit verbringen würden. Und deshalb wollte er auch, dass gewöhnliche Leute Gottes Botschaft verstehen konnten.

Um dies zu verdeutlichen, hat er diese Geschichte erzählt.

Eines Tages kam er ins Gespräch mit einem Seemann, der ihm mitteilte, dass der Kapitän seines Schiffes ein wahrer Gentleman war. Er benutzte nie eine derbe oder vulgäre Sprache. Nun, eines Abends, als das Schiff auf See war, kam der Kapitän an Deck und bemerkte, dass drei oder vier Seeleute sich oben auf der Rigg befanden und im Licht der Laterne Karten spielten. So etwas wollte der Kapitän mit Sicherheit nicht sehen! So rief er ihnen zu: „Ihr da in der Höhe, macht doch noch die Illumination aus!" Verstehst du, was er meinte?

Die Seemänner nahmen keine Notiz davon. Er rief ihnen nochmals laut zu: „Ich habe gesagt, macht diese Illumination aus!" Sie nahmen immer noch keine Notiz davon! Und so rief er ein drittes Mal sehr laut: „Macht diese Illumination aus!"

Aber sie spielten weiter Karten! Der Kapitän wurde schon ziemlich ärgerlich. Wie konnten sie es wagen, sich zu weigern und seinen Befehlen nicht Folge zu leisten! Dann ging er nach unten und fand den Ersten Offizier und sagte ihm, dass er die Seemänner, die am Kartenspielen waren, angewiesen hätte, die Beleuchtung auszumachen, aber dass sie keine Notiz von ihm genommen hätten. Er wies ihn an, zu ihnen zu gehen und sie herzuholen, damit er sie dafür bestrafen lassen konnte, dass sie seinen Befehlen nicht gehorcht hatten!

Kannst du dir erklären, warum sie nicht den Befehlen des Kapitäns gefolgt waren? Vielleicht hättest du das gleiche Problem gehabt, wie sie es hatten?! Der Erste Offizier sagte erklärend: „O Sir, sie haben Sie nicht verstanden!" Hast du ihn verstanden? Wenn nicht, hier ist eine mögliche Erklärung: Stell dir mal vor, du hältst eine Taschenlampe – nun, kannst du denn „die Illumination ausmachen"?

Der Erste Offizier sagte zum Kapitän: „Ich gehe zu ihnen und sag es ihnen!" So gingen beide zurück an Deck und der Erste Offizier rief aus: „Hey, du da! Mach das Licht aus!" Und die Seeleute taten das auch sofort! Sie hatten die komplizierten Worte des Kapitäns nicht verstanden, aber als der Erste Offizier ihnen den gleichen Auftrag in leichter Sprache erteilte, verstanden sie das auf Anhieb!

Der Apostel Paulus wusste, wie wichtig es war, Sachverhalte in einfache Worte zu fassen, damit gewöhnliche Leute es verstehen konnten. Er schrieb: „Was meine Verkündigung kennzeichnete, waren nicht Überredungskunst und kluge Worte; es war das machtvolle Wirken von Gottes Geist" (1. Korinther 2,4; NGÜ).

Gott spricht klar und deutlich in seinem Wort, insbesondere über den Weg des Heils. Wenn wir uns von unseren Sünden abkehren und dem Herrn Jesus Christus vertrauen, werden unsere Sünden vergeben sein, werden wir das ewige Leben haben und wir werden eines Tages in den Himmel gehen.

27

Vater und Sohn predigen

„All denen jedoch, die ihn aufnahmen und an seinen Namen glaubten, gab er das Recht, Gottes Kinder zu werden."
Johannes 1,12; NGÜ

Eines Tages sollten sowohl Spurgeon als auch sein Sohn Charles im East End von London predigen: Spurgeon am Morgen und der junge Charles am Abend. Auf ihrem Weg dorthin fuhren sie am Smithfield Meat Market vorbei und sahen das ganze Fleisch, das dort zum Verkauf angeboten wurde. Ein wenig später kamen sie durch einen sehr überfüllten Teil der Stadt und dachten immer noch an das, was sie im Marktviertel gesehen hatten. Und so sprachen sie darüber, dass genau wie unser Körper auch unsere Seele Nahrung braucht: Fleisch für unseren Körper und das Wort Gottes für unsere Seele!

Die Kirche, die diese Veranstaltung organisiert hatte, besaß ein recht kleines Gebäude, und so hatte sie ein viel größeres für die Treffen angemietet, aber trotzdem war es schon einige Zeit, bevor der erste Gottesdienst beginnen sollte, recht voll mit Menschen. Und viel mehr Leute waren noch draußen und wollten hinein! Als Spurgeon auf die Kanzel stieg, warteten immer noch Hunderte im Freien, und so hatte er eine Idee. Er wandte sich an Charles und fragte ihn, ob er bereit wäre, in einer Kirche, die genau gegenüber lag, zu predigen, und Charles stimmte zu.

Spurgeon bat die Zuhörer, dass sie doch den draußen Wartenden ausrichten möchten, „dass sein lieber Sohn Charles gerade über die Straße in der Baptist Chapel predigen würde." So waren alle in der Lage, einen der beiden Spurgeons zu hören!

Aber was sollte aus dem Abendgottesdienst werden? Charles sollte ja am Abend predigen. Und wieder war das große Gebäude voll besetzt und die Leute standen draußen und wollten noch hinein! Deshalb machte er es seinem Vater nach und fragte ihn, ob er in einem Klassenzimmer über der Straße predigen würde, was er auch tat. Und so predigten die beiden Spurgeons am Morgen und am Abend einander gegenüber, wobei der jüngere die Zusatzveranstaltung für den älteren am Morgen übernahm und der ältere den Zusatzgottesdienst für den jüngeren am Abend!

Auf dem Rückweg meinte Spurgeon: „Nun, Charlie, ich gehe mal nicht davon aus, dass das jemals passiert ist, dass ein Vater und ein Sohn einander gegenüber zur gleichen Zeit predigen mussten, aber Gott sei Dank, lieber Junge, nicht gegeneinander!"

Tatsächlich aber passierte das Gleiche später noch einmal – dieses Mal in Pollockshaws, einem Stadtteil von Glasgow in Schottland, aber mit einem Unterschied. Eintausend Menschen hörten Spurgeon predigen und Charles musste den zusätzlichen Gottesdienst übernehmen – aber es waren drei- bis viertausend Menschen, die seine Veranstaltung besuchten! Es waren nämlich viel mehr Leute im Zusatzgottesdienst als in der Hauptveranstaltung! Und Spurgeon war so froh, dass sein Sohn eine größere Versammlung hatte als er! Hinterher standen Tausende herum und versperrten die Straße, weil sie Vater und Sohn noch die Hand schüttelten – und ihnen laut zum Abschied zujubelten!

Spurgeon war sehr froh, dass seine beiden Söhne Charles und Thomas an den Herrn Jesus Christus glaubten und auch dass sie Prediger des Evangeliums wurden. So gehörten sie zur gleichen äußeren und geistlichen Familie wie ihr Vater. Weißt du denn, wie Menschen ein Teil der Familie Gottes werden? Der Apostel Johannes erklärt uns das: „All denen jedoch, die ihn aufnahmen und an seinen Namen glaubten, gab er das Recht, Gottes Kinder zu werden" (Johannes 1,12; NGÜ).

Wenn wir unser Vertrauen in Jesus setzen, gehören wir zur geistlichen Familie Gottes.

28

Wie man der größte Prediger der Welt wird

„Er muss an der vertrauenswürdigen Botschaft festhalten ..."
Titus 1,9; NGÜ

Vielleicht hast du schon verschiedene Städte besichtigt und wahrscheinlich warst du auch schon mal im Ausland. Wenn man einen neuen Ort bereist, will man sich auch interessante und besondere Sehenswürdigkeiten anschauen. Nachfolgend findest du eine kleine Liste von Städten und deren berühmte Attraktionen, aber sie sind etwas durcheinander geraten. Vielleicht kannst du eine Verbindungslinie von jeder Stadt zu der entsprechenden Attraktion ziehen. (Nimm einen Bleistift, nicht einen Kuli, damit du es später wieder ausradieren kannst.)

Athen	Tower Bridge
Edinburgh	Holyrood House
London	Eiffelturm
Paris	Kolosseum
Rom	Areopag

Fallen dir sonst noch bekannte Plätze ein, die Besucher nach London ziehen? Da gibt es den Buckingham Palace, den Tower of London, die Nelson Säule und viele weitere Sehenswürdigkeiten – darunter eine, die oben erwähnt ist.

Zur Zeit Spurgeons kamen die Leute von überall aus der ganzen Welt, um London zu besichtigen, auch wenn es natürlich längst noch nicht so viele waren wie heutzutage. Das Reisen ging damals noch viel langsamer und niemand konnte zum Flughafen von Heathrow oder Gatwick fliegen. Menschen aus anderen Ländern mussten mit dem Schiff anreisen.

Einmal kam ein Junge, der acht Jahre alt war, mit seinem Vater aus Amerika. Wohin sollten sie gehen? Welche Plätze sollten sie sich ansehen? Ich gehe davon aus, dass sie diejenigen Sehenswürdigkeiten ansteuerten, die wir bereits genannt haben, aber sie setzten auch noch eine andere auf ihre Liste: das Metropolitan Tabernacle, um Spurgeon zu hören! Der Vater erzählte seinem Sohn, dass sie sich den größten Prediger der Welt anhören würden, was wohl sehr verlockend geklungen haben musste!

Es muss wohl ein umwerfender Anblick gewesen sein, in den Tabernacle zu gehen und Tausende von Leuten dort zu sehen! Und dann betrat Spurgeon die Kanzel und der Gottesdienst begann. Der Junge lehnte sich mit weit geöffnetem Mund nach vorne und hörte die ganze Predigt über gespannt zu, wobei er kaum seine Augen vom „größten Prediger der Welt" nahm.

Hinterher, als sie draußen auf der Straße waren, fragte der Vater: „Willie, was hältst du von dem Mann?" Der Junge entgegnete: „Ist das der größte Prediger der Welt?" „Ja!", antwortete der Vater, „Ich denke schon!" Willie meinte: „Nun, dann weiß ich, wie man der größte Prediger der Welt sein kann!" „Wie denn?", fragte der Vater. „Warum denn? Du greifst dir einfach ein schönes Kapitel in der Bibel heraus und erzählst, was darin steht, sodass es jeder verstehen kann, und das war's schon!"

Und das heißt predigen, gut predigen – genau das zu erzählen, was die Bibel sagt, damit jeder es verstehen kann, und das ist es auch schon! Der Apostel Paulus erklärte Titus, was Prediger seiner Meinung nach tun sollten: „Er muss an der vertrauenswürdigen Botschaft festhalten, wie sie von Anfang an gelehrt worden ist; denn mit Hilfe dieser gesunden Lehre ist er imstande, die Gemeinde im Glauben zu stärken und die, die sich der Wahrheit widersetzen, zurechtzuweisen" (Titus 1,9; NGÜ).

29

Der Taschendieb

„Und sie werden ... deine Worte hören, aber nicht danach handeln."

Hesekiel 33,31; Schl 2000

Das Metropolitan Tabernacle stellte ein sehr großes Gebäude dar; und im Inneren der Kirche befand sich vorne im Saal eine große Plattform und weniger eine Kanzel im klassischen Sinne. Gewöhnlich saßen die Diakone während Spurgeons Predigten hinter ihm. Eines Sonntags, als er am Predigen war, tat er plötzlich etwas, was wahrscheinlich nicht alle bemerkt haben werden. Nur eine oder zwei Sekunden lang sagte er sehr leise etwas zu den Diakonen. Die anderen Leute hörten mit Sicherheit nicht, was er zu ihnen sagte. Und dann setzte er seine Predigt fort.

Nun, ich kann dir sagen, was er zu ihnen gesagt hatte: „Taschendieb! In Mrs. Soundsos Kirchenbank!" Und das war alles!

Was passiert war, war Folgendes: Mitten in seiner Predigt – wobei Tausende Zuhörer anwesend waren –, hatte Spurgeon einen Mann bemerkt, der jemandes Tasche genommen, d.h. sie der Person gestohlen hatte!

Zwei der Diakone verließen umgehend und auf leisen Sohlen ihre Plätze und gingen die Treppe hinunter hinter die Plattform. Sie gingen durch die Hintertür aus der Kirche hinaus und um die Kirche herum zur Vorderseite, wo ein Polizist seinen Dienst versah. Sie berichteten ihm, was Spurgeon gesehen hatte, und dann betraten alle drei die Kirche, gingen zur Kirchenbank, die Spurgeon genannt hatte, und verhafteten den Taschendieb!

Hast du bemerkt, dass Prediger mitbekommen, was so in der Kirche vor sich geht? Sie können sehen, ob die Zuhörer der Schriftlesung folgen, ob sie sich für das interessieren, was gesagt wird, und ob sie aufmerksam sind. Es ist sehr entmutigend für einen Prediger, wenn er feststellen muss, dass seine Gemeinde kein wirkliches Interesse an Gottes Botschaft hat. Auf der anderen Seite wird er ermutigt sein, wenn er sieht, dass die Anwesenden andächtig zuhören und eifrig dabei sind, mehr über den Herrn Jesus zu lernen.

Aber noch wichtiger als die Tatsache, dass der Prediger dich sieht, ist die, dass Gott selbst dich sieht. Er sieht dich natürlich die ganze Zeit, wo auch immer du bist. Er sieht, wenn du zur Kirche oder in den Kindergottesdienst gehst, und sieht, ob du an dem interessiert bis, was er dir durch sein Wort zu sagen hat.

Hesekiel war ein Prediger und zugleich ein Prophet, der eine schwierige Zeit durchmachte. Er war berufen, zu Menschen zu sprechen, die wirklich Gottes Botschaft nicht hören wollten. Schon zu Beginn seines Prophetenamtes warnte Gott ihn, dass er zu einem rebellischen Volk gesandt war, aber Hesekiel tat treu seinen Dienst trotz der vielen Probleme, auf die er stieß. Später sprach Gott zu ihm: „Und sie werden zu dir kommen, wie das Volk zusammenkommt, und werden als mein Volk vor dir sitzen und deine Worte hören, aber nicht danach handeln. Denn wenn sie auch mit dem Mund ihre Liebe bekunden, so läuft ihr Herz doch hinter dem Gewinn her" (Hesekiel 33,31; Schl 2000). Da saßen sie und hörten dem Propheten zu und nach der Predigt haben sie vielleicht zu ihm gesagt: „Lieber Hesekiel, danke für deine Predigt heute Morgen. Sie war großartig!" Sie hörten, aber sie gehorchten nicht. Sie sagten nette Worte, aber innerlich waren sie voller Rebellion. Und Hesekiel musste sehr traurig gewesen sein, wenn er sich so in seiner Versammlung umsah und merkte, wie sie eigentlich waren!

Mögest du eine Ermutigung für diejenigen sein, die dich Gottes Wahrheit lehren, und vor allen Dingen, mögest du dem Herrn gefallen, der immer so gut zu dir war!

30

Alte Geizhälse!

„Gott liebt den, der fröhlich gibt."
2. Korinther 9,7; NGÜ

Nun, hier kommt ein Test für dich – bitte blättere die Seiten in diesem Buch noch nicht zurück –: Worum ging es in den ersten Geschichten? Die erste lautete: „Noch mehr tun". Was war das bisschen mehr, was Spurgeon von seiner Gemeinde wollte und wobei sie sich engagieren sollte? Hier noch einmal für dich als Anhaltspunkt, falls du es vergessen haben solltest: Es hatte etwas mit Kindern zu tun. Und hier ist noch ein Tipp: Diese Kinder hatten niemanden, der sich um sie kümmerte. Ich hoffe, jetzt erinnerst du dich wieder daran: Es ging darum, ein Waisenhaus ins Leben zu rufen!

Du erinnerst dich vermutlich auch daran, dass Spurgeon ein College ins Leben rief, um Männer auszubilden, die dem Herrn dienen wollten, die aber keine besonders gute Ausbildung hatten oder sich die Ausbildung vielleicht nicht leisten konnten. Es gab noch viele andere Dinge, bei denen er und die Kirche mitarbeiteten: Bücher wurden an Pastoren verschickt, die sie sich nicht leisten konnten, und dann gab es da noch das Heim für die älteren Leute.

Was brauchte man, um all diese Projekte am Laufen zu halten? Ich glaube, du weißt es schon: Geld! Spurgeon selbst gab eine große Summe seines eigenen Geldes, damit diese guten Werke weiterbestehen konnten, aber er erwartete natürlich von anderen Christen, dass sie auch etwas gaben. Wenn wir den Herrn lieben, werden wir geben, was wir können, um anderen zu helfen und um sicherzustellen, dass viele Menschen die Botschaft des Evangeliums hören.

Bei einer Gelegenheit sprach Spurgeon bei einer Zusammenkunft. Ich weiß nicht, wo es war, jedenfalls nicht in seiner eigenen Kirche.

Zum Abschluss sagte er: „Ich werde jetzt meinen Hut herumgeben für eine Kollekte zur Unterhaltung des Waisenhauses und des Colleges und für die anderen guten Werke, die wir tun."

Und so wurde Spurgeons Hut in der Versammlung herumgereicht und natürlich kam er schließlich wieder zu ihm zurück. Er schaute hinein. Du errätst bestimmt nicht, wie viel darin war. Nichts! Der Hut war absolut leer! Niemand hatte etwas gegeben!

Spurgeon muss enttäuscht gewesen sein, nicht wegen seiner selbst, sondern wegen der Waisen und der Collegeschüler und auch wegen anderen, die von dem Geld profitiert hätten, das eingelegt worden wäre.

Danach sagte er: „Lasst uns beten. Ich danke dir, o Herr, dass diese alten Geizhälse mir zumindest meinen Hut zurückgegeben haben."

Wenn du den Herrn Jesus kennst, weißt du, dass er das Kostbarste gab, das er für dich hatte: sein eigenes Leben! Er gab den Himmel auf – für dich –, als er auf diese Welt kam, und am Kreuz opferte er sich selbst, um den Preis für deine Sünden zu bezahlen. Er gab alles! Und er hat dir weiterhin viele gute Dinge gegeben. Jeden Tag gibt er dir gute Gaben. Du kannst ihm niemals vollständig zurückzahlen, was er dir geschenkt hat, aber zumindest kannst du ihm einige Dinge geben: dein Leben und deinen Dienst und je nachdem, ob es dir möglich ist, auch etwas Geld! Der Apostel Paulus schrieb: „Gott liebt den, der fröhlich gibt" (2. Korinther 9,7; NGÜ).

31
Mrs. Bartlett

„Da sagte Jesus: ‚Lasst die Kinder zu mir kommen!'"
Matthäus 19,14; NGÜ

Vielleicht gehst du ja in die Kinderstunde, aber wahrscheinlich hast du noch nicht eine Sonntagsschule wie die in dieser Geschichte besucht.

Wahrscheinlich weißt du noch, dass Spurgeons Gemeinde sich in der New Park Street Chapel versammelte, bevor es das Metropolitan Tabernacle gab. Und genau dort begann Spurgeon auch seinen Dienst in London. Nach ungefähr fünf Jahren, nachdem er dort angefangen hatte zu wirken, gab es in der Kirche am Nachmittag einen Sonntagsschulgottesdienst. Und so kam es einmal, dass eine der Lehrerinnen für einen Monat nicht da sein konnte und eine Vertretung für die Mädchenklasse finden musste. Da bat sie eine Dame namens Mrs. Lavinia Bartlett für sie einzuspringen.

So übernahm Mrs. Bartlett an einem Sonntag die Gruppe der älteren Mädchen, aber es kamen nur drei Mädchen. Unverdrossen lehrte sie sie an allen Sonntagen in jenem Monat Gottes Wahrheit, so gut sie es konnte. Das Schöne war, dass die Zahl der anwesenden Kinder von Woche zu Woche stiegen. Am Ende des Monats lief das Ganze so gut, dass sie gebeten wurde, als Lehrkraft zu bleiben. Und das tat sie dann auch – sie blieb weiterhin dabei ... und dabei ... und dabei!

Es dauerte nicht lange und die Gruppe wurde zu groß, um noch in den Raum zu passen, wo sie sich trafen. Und nach zehn Jahren waren fünfhundert Kinder in ihrer Gruppe!

Als dann das Tabernacle eröffnet wurde, traf sich Mrs. Bartletts Gruppe in einem der großen Säle dort und zu dem Zeitpunkt kamen in der Regel schon sechs- bis siebenhundert Mädchen!

Häufig ging es ihr überhaupt nicht gut, aber sie machte mit dem Dienst weiter. Sie hatte ja mit der Perspektive unterrichtet, dass sie nur für einen Monat in dieser Gruppe sein würde. Aber als sie starb, hatte sie die Gruppe bereits sechzehn Jahre unterrichtet. Natürlich war sie nicht die Einzige, die Sonntagsschulkinder unterrichtete. Zu Spurgeons Zeiten gab es ungefähr hundert Lehrer und über tausend Jungen und Mädchen!

Warum hat Mrs. Bartlett deiner Meinung nach in dieser Sonntagsschule unterrichtet? Was erhoffte sie sich für die Kinder, die dorthin gingen?

Ja, sie wollte, dass jedes einzelne Kind den Herrn Jesus Christus kennenlernte und liebte und ihm folgte. Ihre Gebete wurden auf wunderbare Weise erhört, denn in den sechzehn Jahren wurden zwischen neunhundert und tausend Anwesende der Gruppe gläubig! Wenn du in den Kindergottesdienst gehst, dann ist das auch der Wunsch deines Lehrers für dich!

Einmal wurden kleine Kinder zum Herrn Jesus gebracht, aber seine Jünger waren überhaupt nicht der Ansicht, dass das eine gute Idee wäre. Sie versuchten die Kinder abzuweisen. „Da sagte Jesus: ‚Lasst die Kinder zu mir kommen; hindert sie nicht daran! Denn gerade für solche wie sie ist das Himmelreich.'" (Matthäus 19,14; NGÜ). Jesus heißt alle willkommen, die zu ihm kommen, egal, wie jung sie sind.

Das ABC des Glaubens

„Kommt her zu mir alle ... so will ich euch erquicken!"
Matthäus 11,28; Schl 2000

In der letzten Geschichte haben wir uns mit Mrs. Bartletts Bibelgruppe beschäftigt. Jedes Jahr hatte sie ein spezielles Kaffeetrinken mit einer besonderen Veranstaltung. In einem Jahr bat sie einen jungen Mann namens Manton Smith, zu den Mädchen zu sprechen.

Als der Tag gekommen und Manton angekommen war, bekam er einen Riesenschreck als Spurgeon persönlich in den Saal trat, wo das Treffen abgehalten werden sollte. Dieser war angefragt worden, ob er die Gesamtleitung übernehmen wolle. Ich glaube, Manton war allein deshalb schon nervös, weil er zu all den Leuten sprechen sollte, und dann kam noch hinzu, dass Spurgeon anwesend war! Er dachte bei sich selbst: „Wie um alles in der Welt kann ich vor Mr. Spurgeon sprechen?"

Ich denke, Spurgeon muss es aufgefallen sein, dass Manton sehr nervös war, und so versuchte er, ihn aufzuheitern und zu ermutigen. Manton sagte später: „Wie ich mich überhaupt auf den Beinen halten konnte, weiß ich nicht mehr, denn ich werde nie vergessen, wie meine Beine gezittert haben!" Aber er stand aufrecht trotz seiner zitternden Knie und seiner Nervosität und meinte: „Ich bin ein schlechter Redner und ein noch unbegabterer Schreiber, und alles, was ich weiß, ist das ABC des Glaubens."

Zu Mantons Überraschung schlug Spurgeon mit seinem Stock auf den Boden, klopfte mit seinem Hut auf den Tisch und sagte: „Bravo, weiter so, mein Bruder!" Das ist genau das Evangelium, das ich liebe! Erzähl uns davon!"

Und so vermittelte Manton allen das ABC des Glaubens, wie es im Evangelium steht. Ich frage mich, ob du erraten kannst, was er damit meinte. Nun, ich gebe dir einen kleinen Hinweis: Er dachte dabei an Bibelzitate, die mit den Buchstaben A, B und C beginnen. Kommen dir welche in den Sinn, bevor du jetzt weiterliest? Vielleicht sind das ja auch diejenigen, die der Redner im Sinn hatte?

Für den Buchstaben A wählte er den Vers aus dem Brief des Paulus an die Römer, Kapitel 3, Vers 23 (HfA): „Alle sind schuldig geworden und spiegeln nicht mehr die Herrlichkeit wider, die Gott dem Menschen ursprünglich verliehen hatte."

Für den Buchstaben B zitierte er Johannes den Täufer, wie er dies in seinem Evangelium in Kapitel 1, Vers 29 (GNB) niedergeschrieben hat: „Seht dort das Opferlamm Gottes, das die Schuld der ganzen Welt wegnimmt!" (Auf Englisch: „Behold! The Lamb of God Who takes away the sin of the world!")

Und schließlich wählte er für C eines der wunderbarsten Worte aus, das Jesus jemals gesagt hatte. Es ist seine gnädige und aufrichtige Einladung, von der Matthäus in Kapitel 11, Vers 28 (Schl 2000) seines Evangeliums berichtet: „Kommt her zu mir alle, die ihr mühselig und beladen seid, so will ich euch erquicken!" (Auf Englisch: „Come to Me, all you who labor and are heavy laden, and I will give you rest.")

Sicherlich hat er dann erklärt, dass wir alle Sünder sind, dass der Herr Jesus kam, um sich des Problems der Sünde anzunehmen, und dass wir alle eingeladen sind, zu ihm zu kommen und Vergebung und Errettung durch ihn zu finden.

Manton kam zum Ende seines Vortrags und erwartete schon, dass Spurgeon genervt wäre und sich vielleicht sogar seinetwegen schämte. Er hielt sich selbst für einen recht armseligen Redner, insbesondere im Vergleich zu diesem großen Prediger. Aber es gab eine weitere Überraschung. Er drehte sich zu ihm, um Spurgeon anzuschauen, und sah, wie Tränen über dessen Gesicht rollten. Er war von den einfachen Erklärungen des Evangeliums angesprochen und berührt worden, die Manton vorgetragen hatte. So schüttelte er ihm die Hand und sagte zu ihm: „Gott segne dich, mein junger Bruder! Bleibe bei der Art des Verkündigens, und du wirst ein wahrer Verkündiger des **ABC**-Glaubens sein, was für mich für als **A**USSERGEWÖHNLICH **B**EGABTER **C**HRIST' steht!"

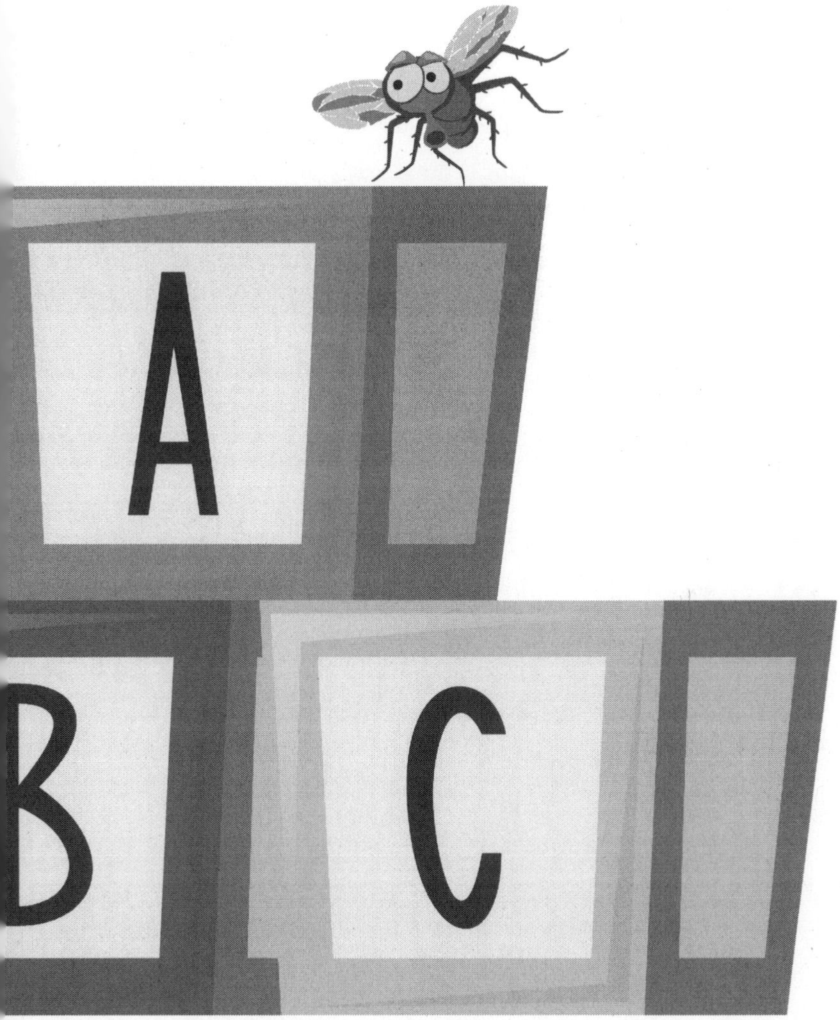
A
B
C

33

Eine Fliege auf der Nase

„Wem deine Worte sich erschließen,
für den verbreiten sie Licht,
gerade Unerfahrene gewinnen durch sie Einsicht."

Psalm 119,130; NGÜ

Gelegentlich trifft man ganz witzige Leute in der Kirche – aber bestimmt nicht in der, zu der du gehst, oder? -, aber hier möchte ich dir von einem eher seltsamen Mann erzählen, der in der Versammlung unseres Redner saß.

Dieser Prediger wurde später der Pastor einer Gemeinde in Glasgow, Schottland, aber zu Beginn seiner Predigerlaufbahn, als junger Mann, ging er zu einer bestimmten Kirche, um den Gottesdienst zu halten. Er sah sich in der Versammlung um und sah einen Mann, der ganz vorne saß und etwas sehr Merkwürdiges tat. Dieser Mann war einer der Leiter der Gemeinde, und du errätst nie, was er da tat. Er saß da und steckte seine Finger in die Ohren! Ich weiß nun nicht, warum er das tat – ich gehe davon aus, dass er einfach den jungen Prediger nicht mochte und sich das nicht anhören wollte, was er zu sagen hatte!

In der nächsten Geschichte werde ich dir noch von jemand anderem erzählen, der sich gerne eine Predigt angehört hätte, aber es nicht konnte, weil er taub war. Der obige Mann hatte das entgegengesetzte Problem: Er konnte hören, aber er wollte nicht!

Was konnte der Prediger da tun? Ich wüsste nicht, was ich in solch einer Situation tun würde, und dieser junge Prediger wusste auch nicht, was er tun sollte. Wie dem auch sei, er fuhr mit dem Gottesdienst fort, während der Mann da vor ihm saß und sich mit den Fingern die Ohren verstopfte!

Später erzählte der junge Mann Spurgeon von dieser merkwürdigen Begebenheit. Er fragte sich, ob Spurgeon ihm wohl irgendeinen Rat geben und ihm sagen konnte, was er in einer ähnlichen Situation tun würde – auch wenn er wahrscheinlich nicht in eine solche kommen würde! Und so fragte er Spurgeon: „Da gab es einmal eine nette Begebenheit für einen jungen Prediger! Was hätten Sie wohl getan, Mr. Spurgeon?"

„Ich hätte gebetet, dass …", begann Spurgeon – und der junge Mann setzte einen feierlichen Blick auf, denn er erwartete etwas sehr Geistliches. Nun, was denkst du, hätte Spurgeon gebetet?

„Ja", sagte er, „Ich hätte gebetet, dass vielleicht eine Fliege auf seiner Nase gelandet wäre!"

Wenn Spurgeon der Prediger gewesen und sein Gebet beantwortet worden wäre, dann kannst du dir sicherlich gut vorstellen, was da passiert wäre!

Du musst deine Finger aber auch nicht in deine Ohren stecken, um nichts zu hören, oder? Wenn du dich nicht auf das konzentrierst, was gerade gesagt wird, wirst du es auch nicht hören und verstehen. Gottes Stimme in der Bibel ist die wichtigste Stimme, auf die wir hören sollten.

Der Psalmist im längsten Psalm der Bibel sagte das Folgende: „Wem deine Worte sich erschließen, für den verbreiten sie Licht, gerade Unerfahrene gewinnen durch sie Einsicht" (Psalm 119,130; NGÜ). Wenn Gottes Wort dein Herz erreichen soll, müssen deine Ohren geöffnet sein und auch dein Herz!

34

Der Mann, der nicht hören konnte

„Deshalb ist es wichtig, dass wir unseren Zusammenkünften nicht fernbleiben, wie einige sich das angewöhnt haben."
Hebräer 10,25; NGÜ

Die vorherige Geschichte handelte von einem Mann, der hören konnte, es aber nicht wollte. Nun haben wir hier eine Geschichte von einem Mann, der das entgegengesetzte Problem hatte.

Viele Jahre lang traf Spurgeons Freund jeden Sonntagmorgen auf dem Weg zum Metropolitan Tabernacle immer einen älteren christlichen Herrn, der in seine eigene Gemeinde ging. Und jedes Mal, wenn sie sich trafen, schlug sich der alte Mann mit der Hand auf die Brust und sagte: „Guten Morgen! Ich habe ihn hier, Sir!"

Was denkst du, hat er damit gemeint? Das war natürlich auch das, was sich Spurgeons Freund fragte! Er kam zu dem Schluss, dass der ältere Herr auf den Herrn Jesus Christus anspielte, den er in seinem Herzen hatte. Wir werden Christ, wenn wir Jesus in unser Herz bitten, und er kommt in unser Herz hinein, um zu retten, zu regieren und sich um uns zu kümmern.

Schließlich jedoch fand er heraus, dass er falsch lag. Es stellte sich heraus, dass der alte Mann sehr schwerhörig und nicht in der Lage war, auch nur ein Wort dessen zu hören, was sein Pastor sagte! Aber da er Christ war, freute er sich, wenn er sich mit Gottes Leuten versammeln und sich als Teil der Gemeinde fühlen konnte. Und ich bin mir sicher, dass er den Herrn lobte und anbetete, auch wenn er keinem der Gebete folgen oder überhaupt hören konnte, was ablief.

Die Mitglieder der Kirche wussten von seiner Taubheit, und so fanden sie immer die richtigen Kirchenlieder für ihn, sodass er über die Liedtexte nachdenken konnte, auch wenn er den Gesang nicht hören konnte. Entsprechend fanden sie Schriftlesungen für ihn, die er für sich selbst lesen konnte. Aber was tat er während der Predigt? Nun, jeden Sonntag steckte er sich eine von Spurgeons Predigten in seine Brusttasche, und während der Pastor eine Predigt hielt, die er nicht hören konnte, las er für sich selbst Spurgeons Predigt! Ich weiß es zwar nicht, aber vielleicht las er ja eine bessere Predigt als die, die in seiner eigenen Kirche gehalten wurde!

Deshalb hatte Spurgeons Freund also nicht recht: Als der alte Herr sagte: „Ich habe ihn hier, Sir!", spielte er nicht auf den Herrn Jesus an, sondern auf Spurgeons Predigt (in Papierform)! Aber natürlich hatte er auch Jesus in seinem Herzen – Jesus in seinem Herzen und die Predigt bei seinem Herzen!

Wenn du zur Kirche gehst, solltest du versuchen, so viel Nutzen wie möglich daraus zu ziehen, dass du dort bist; aber selbst wenn du nicht so viel Nutzen daraus ziehst, wie du gerne möchtest oder wie andere daraus ziehen, so ist es doch wichtig, sich mit anderen Kindern Gottes zu treffen. Dieser ältere Herr wusste das.

Der Schreiber des Briefes an die Hebräer gab seinen Lesern – und uns – diesen Ratschlag und diese Anweisung: „Deshalb ist es wichtig, dass wir unseren Zusammenkünften nicht fernbleiben, wie einige sich das angewöhnt haben, sondern dass wir einander ermutigen, und das umso mehr, als – wie ihr selbst feststellen könnt – der Tag näher rückt, an dem der Herr wiederkommt" (Hebräer 10,25; NGÜ). Mit anderen Worten, triff dich weiterhin mit anderen Christen, um Gott zu loben, ihn anzubeten und auf ihn zu hören.

35

Christus oder die Firma

„Denn wenn du mit deinem Mund Jesus als den Herrn bekennst ..."
Römer 10,9; Schl. 2000

Es gab einmal einen Mann, der der Manager einer großen Brauerei war. Dies ist ein Ort, wo alkoholische Getränke hergestellt werden. Er wurde Christ – und vertraute sein Leben Jesus Christus an -, aber trotzdem war er überhaupt nicht glücklich! Er fing an, jede Woche Spurgeons Predigten zu lesen, in der Hoffnung, dass sie ihn aufmuntern könnten, aber das taten sie nicht. Im Gegenteil, er fühlte sich nur noch elender. Kannst du dir das erklären, warum das so war? Die meisten Christen fanden Spurgeons Predigten sehr hilfreich. Aber dieser Mann fühlte sich immer unglücklicher!

Das lag daran, dass er aus den Aussagen Spurgeons schloss, wenn er wirklich als Christ leben wollte, Jesus Christus nicht nur sein Erretter und Freund sein wollte, sondern auch noch etwas anderes. Was ist das? Denke einmal über den folgenden Vers nach, und finde das eine Wort, das diese Frage beantwortet: „Denn wenn du mit deinem Mund Jesus als den Herrn bekennst und in deinem Herzen glaubst, dass Gott ihn aus den Toten auferweckt hat, so wirst du gerettet" (Römer 10,9; Schl 2000).

Ja, das Wort heißt „Herr". Jesus muss dein Herr sein. Das bedeutet eine völlige Hingabe an ihn. Es bedeutet, dass du das tust, was er möchte, und nicht das, was du möchtest. Es bedeutet, dass er dein Herr und Meister ist, der Eine, dem du gehorchst.

Warum ging es aber dem Mann so schlecht? Weil er meinte, dass er dem Herrn Jesus als Manager der Brauerei nicht gefallen konnte. Er hatte erfahren, dass oftmals Menschenleben durch das Trinken von

Alkohol ruiniert worden sind. Denn oft führt ein Drink zum andern, der wiederum zu einem weiteren führt; und Leute, die zu viel getrunken haben, geraten in alle möglichen Schwierigkeiten. Zu viel Alkohol zu trinken kann abhängig machen – das heißt, wenn du einmal damit beginnst, ist es sehr schwer, damit aufzuhören. Das Beste, was man tun kann, ist, nie damit anzufangen! Der Alkohol kann Menschen krank machen (und tut es auch) und verursacht manchmal ungeahntes Leid in Familien und unter Freunden.

Dieser Mann sagte, er sei Christ, und arbeitete als der Manager in einer Brauerei! Deshalb war er sehr unglücklich!

Er wusste, dass er eine Entscheidung treffen musste: entweder für seinen Job oder für Jesus. Er beschloss, dass er Jesus folgen wollte. So informierte er seinen Onkel, der der oberste Leiter der Brauerei war, dass er seinen Job aufgeben müsste, und er erzählte ihm auch, warum. Sein Onkel und auch sein Vater dachten, dass er recht unvernünftig war, und versuchten ihn davon zu überzeugen, nicht die Firma zu verlassen und das nicht wegzuwerfen, was sie für seine einzige Chance im Leben hielten, um erfolgreich zu sein. Aber er entgegnete: „Ich muss das hier aufgeben oder aber Christus: den Einen kann ich nicht und das Geschäft muss ich." Sein Onkel bot ihm dann an, ihm so viele Aktien von der Brauerei zu geben, wie er wollte, was ihn sehr reich gemacht hätte, aber er sagte immer noch „Nein!" Und so ging er weg und wusste nicht, wohin er gehen sollte und was er machen würde, außer auf den Herrn zu vertrauen. Nicht lange danach wurde er Stadtmissionar, und der Herr gebrauchte ihn, indem er anderen vom dem Heilsweg erzählte.

Wenn Jesus dein Erretter sein soll, muss er auch dein Herr sein. Und manchmal wirst du entscheiden müssen zwischen ihm und anderen Dingen. Wenn du ein wahrer Christ bist, musst du ihn an die erste Stelle setzen.

36

Lasst uns dem Mann nachgehen!

„Jeder, der an ihn glaubt,
wird von aller Schuld freigesprochen."
Apostelgeschichte 13,39; NGÜ

Spurgeon hatte viele Helfer in seiner Gemeinde, nicht nur Älteste und Diakone. Viele andere förderten das Werk in unterschiedlicher Weise. Und ich möchte dir hier von zwei Männern erzählen und von dem, was sie taten. Sie gingen immer wieder auf die Straßen um das Tabernacle herum, und gaben den Passanten Zeugnis von ihrem Glauben, um sie zu den Gottesdiensten einzuladen und Traktate zu verteilen. Einer dieser Männer war ein berühmter Läufer gewesen und hatte bei vielen Rennen Preise gewonnen. Für gewöhnlich gingen die beiden jeden Sonntagmorgen hinaus auf die Straßen, jeder auf eine andere Straßenseite.

Eines Morgens gab einer der Männer einem Mann ein Traktat, der meinte: „Was soll ich damit? Warum gebt ihr mir das Traktat? Ich werde doch eh in einer Stunde in der Hölle sein!"

Der andere christliche Mann überquerte die Straße, um sich zu seinem Freund zu gesellen, und sagte zu ihm: „Hast du gehört, was dieser Mann da von sich gab?" „Nein!", sagte sein Freund. „Was hat er denn gesagt?" „Er sah sehr gefährlich aus", war seine Antwort, „und sprach davon, in einer Stunde in der Hölle zu sein! Er ist entweder verrückt oder er wird Selbstmord begehen!" Daraufhin sagte der andere: „Komm, lass uns ihm folgen!"

Und so holten sie ihn schließlich ein und der eine Christ fragte ihn: „Was haben Sie da noch einmal gesagt, als Sie das Traktat entgegennahmen?" Er antwortete: „Das geht Sie gar nichts an! Kümmern Sie sich gefälligst um Ihre eigenen Angelegenheiten!" Der Christ entgegnete: „O, aber das ist meine Angelegenheit, denn, wenn ich Sie richtig verstanden habe, sagten Sie, dass Sie in einer Stunde in der Hölle sein würden." Der Mann sagte: „Ja, das habe ich gesagt und ich werde in einer Stunde nicht mehr auf dieser Welt sein!" Dann fuhr der Christ fort: „Nein, das werden Sie nicht, denn ich werde Ihnen auf den Fersen bleiben, und ich werde Sie eine Stunde lang nicht aus den Augen lassen, wo auch immer Sie hingehen!"

Nun ja, dann fing der Mann an, den zwei Christen ein wenig aus seinem Leben zu erzählen. Er hatte schon drei Tage lang nichts mehr gegessen und war die ganze Nacht über auf der Straße herumgelaufen. Und so gaben sie ihm ein ordentliches Frühstück und nahmen ihn dann mit zur Kirche. Danach nahmen sie ihn mit zu dem Ort, wo sie normalerweise ihr Mittagessen einnahmen, und er aß mit ihnen. Am Nachmittag nahmen sie ihn mit zur Bibelstunde und am Abend auch zum Gottesdienst in die Gemeinde. Und erstaunlicherweise bekehrte er sich!

Dann erzählte er seinen beiden neuen Freunden mehr über sich. Er hatte ein schlimmes Leben geführt, obwohl seine Frau eine Christin war. Sie hatten im Norden Englands gelebt, aber vier oder fünf Monate zuvor hatte er sie verlassen und war nach London gekommen. Bald darauf bezahlten die Christen ihm das Fahrgeld und er ging nach Hause zurück. Seine Frau war sehr glücklich, ihn wiederzusehen, und ganz besonders froh, dass auch er jetzt ein Gläubiger war!

Sie schrieb den beiden christlichen Männern und erzählte ihnen, dass sie schon sehr lange für ihren Mann gebetet hatte, aber nachdem er sie verlassen hatte, dachte sie, dass sie ihn nie wiedersehen würde. Nun war sie überglücklich und dem Herrn so dankbar und auch den beiden Christen sehr dankbar, die ihm an dem Sonntagmorgen nachgegangen waren.

Gott brachte die Dinge im Leben des Mannes zurecht, weil er den Mann zurechtbrachte! Und er wird das Gleiche für jeden tun, der sein Vertrauen in ihn setzt.

37

Sprengt das Gemeindehaus in die Luft!

„... warf sich auf sein Angesicht zu (Jesu) Füßen und dankte ihm ..."

Lukas 17,16; Schl. 2000

Nicht weit entfernt von der Westküste Englands liegt eine schöne Insel namens Irland. Wenn du dir sie mal genauer auf einer Landkarte anschaust, wirst du entdecken, dass sie in zwei Teile geteilt ist. Ein Teil des nördlichen Gebiets der Insel ist Nordirland (Northern Ireland), was Teil des Vereinigten Königreiches (United Kingdoms) ist, und der Rest der Insel besteht aus der Republik Irland (Republic of Ireland), welche ein komplett separates Land ist.

Vor Jahren gab es sehr viele Tumulte und Kämpfe in Nordirland. Einige Leute wollten, dass dieser Teil von Irland sich der Republik Irland anschließt. Andere wollten, dass es beim Vereinigten Königreich blieb. Leider wurden bei den Ausschreitungen viele Menschen verletzt oder sogar getötet. Die IRA (Irish Republican Army) ließ nicht nur in Nordirland, sondern auch in London und anderen Teilen Englands Bomben hochgehen. Selbst zur Zeit Spurgeons gab es schon viel Streit um Irland – nicht von der Irish Republican Army verursacht, sondern von einer Gruppe, die sich die Fenier („Fenians") nannte und für die Unabhängigkeit kämpfte.

Im Jahr 1884 entschied man sich, einige besondere Feierlichkeiten im Tabernacle abzuhalten, um das große Ereignis zu feiern, dass Spurgeon schon dreißig Jahre lang Pastor der Gemeinde gewesen war. Viele Leute wurden erwartet. Aber genau zu dem Zeitpunkt gab es eine Warnung, dass die Fenier in London Krawall machen wollten. Sie drohten, das Metropolitan Tabernacle genau an dem Abend in die Luft zu sprengen, an dem dort eine große Veranstaltung stattfinden sollte. Es wurde beschlossen, dass der Gottesdienst trotzdem stattfinden sollte, aber unter den Versammelten war eine große Anzahl an Detektiven und Polizisten. Sie mussten alle Leute um sich herum beobachtet und Ausschau gehalten haben nach allen, die sich verdächtig verhielten. Das muss wohl sehr schwierig für sie gewesen sein, denn es waren ungefähr fünfeinhalb tausend Menschen bei dem Gottesdienst!

Dieser verlief gut, und glücklicherweise gab es keine Randale, sodass die Drohungen der Fenier sich in Luft auflösten. Spurgeon hatte man nicht mitgeteilt, dass die Möglichkeit bestanden hatte, das Leute versuchen wollten, das Tabernacle in die Luft zu sprengen, denn niemand wollte ihn unnötigerweise ängstigen, aber seine Frau Susannah wusste darüber Bescheid. Auf dem Nachhauseweg in der Kutsche erzählte sie ihm alles. Rate mal, was sie beide getan haben? Gemeinsam sagten sie dem Herrn Dank, dass niemandem etwas passiert war.

Als der Herr Jesus hier auf der Erde war, vollbrachte er viele großartige Wunder. Einmal kamen zehn Leprakranke zu ihm und baten ihn, Erbarmen mit ihnen zu haben. Er befahl ihnen, sich den Priestern zu zeigen, und auf dem Weg dorthin wurden sie geheilt! Aber das Traurige war, dass nur einer zu Jesus zurückkehrte, und dieser „... warf sich auf sein Angesicht zu (Jesu) Füßen und dankte ihm ..." (Lukas 17,16; Schl. 2000). Und ich kann mir vorstellen, dass Jesus traurig darüber war: „Da antwortete Jesus und sprach: Sind nicht zehn rein geworden? Wo sind aber die neun?" (Vers 17). Du kannst die Geschichte im Lukasevangelium nachlesen, in Lukas 17, Verse 11-19.

Sicherlich haben dir deine Eltern beigebracht, „Danke" zu sagen, wenn dir jemand etwas schenkt. Gott hat dir so viel gegeben – deshalb danke ihm!

38

Schöne Stiefel!

„... kommt her, kauft und esst! Kommt her und kauft ohne Geld und umsonst ..."
Jesaja 55,1; Schl. 2000

Eines Tages klopfte ein Bettler an Spurgeons Tür. Zu jener Zeit gab es sehr viele arme Leute in England, insbesondere in den großen Städten. Nun, Spurgeon hatte natürlich Mitleid mit ihm und wollte ihm auf irgendeine Weise helfen.

Ich frage mich natürlich, warum der Bettler gerade an diesem Haus angeklopft hatte? Vielleicht wusste er von Spurgeon, was ihn davon überzeugte, dass er Mitleid oder Hilfe in irgendeiner Form bekommen würde – schließlich war Spurgeon als an den Herrn Jesus Christus Glaubender bekannt, der versuchte, allen möglichen Leuten christliche Liebe und Mitgefühl entgegenzubringen. Aber es ist auch möglich, dass der Bettler eine Liste, die kursierte, gesehen haben mochte, denn einige Jahre später stieß die Polizei in London auf ein Handbuch für professionelle Bettler, das die Namen von Leuten auflistete, die allem Anschein nach bereit waren, Bedürftigen Hilfe zu geben. Rate mal, wessen Name auf der Liste an erster Stelle stand? Ja genau, Spurgeons Name!

Wie dem auch sei, da stand dieser Bettler vor der Tür, und eines der Dinge, die Spurgeon bemerkte, war, dass er neue Schuhe brauchte. Entweder waren die Schuhe, die er anhatte, in einem desolaten Zustand – vielleicht fielen sie auseinander und waren alles andere als komfortabel –, oder er hatte überhaupt keine an! Jedenfalls wusste Spurgeon, dass er Abhilfe schaffen musste, und so gab er dem Mann ein Paar Lackstiefel. Sie waren gut anzusehen und der Bettler zog sie gleich an Ort und Stelle an und sie saßen wie angegossen. Er war sehr erfreut und dankte Spurgeon vielmals! Und so zog er davon – und war sehr glücklich.

Einige Zeit später traf Spurgeon denselben Bettler wieder. Er betrachtete die Füße des Mannes und dachte, er sähe die schönen Stiefel – aber der Mann trug sie nicht!

„Wo sind denn die Stiefel, die ich Ihnen gegeben habe?", fragte Spurgeon.

Nun, bevor ich dir die Antwort des Bettlers verrate, versuche einmal darüber nachzudenken, warum er die Stiefel nicht trug. Denk daran, was für eine Art Schuhe es waren und was der Mann versuchte, von den Leuten zu bekommen. Hast du eine Antwort?

Der Mann antwortete Spurgeon in etwa so: „Nun, ich mochte die Stiefel und sie waren sehr bequem. Aber wenn ich betteln ging, sahen die Leute die schönen Stiefel und sagten sich: ‚Er sieht nicht so aus, als bräuchte er Geld, wenn er in solch teuren Stiefeln herumlaufen kann!' Und niemand gab mir etwas. Wenn ich also betteln gehe, dann muss ich ohne die Stiefel gehen!"

Spurgeon benutzte dies später als Illustration und zeigte damit auf, dass, wenn wir zum Herrn Jesus Christus gehen, dies so ähnlich ist. Wir sind wie Bettler. Wir haben von uns aus nichts Gutes vorzuweisen. Wir müssen unsere eigene Selbstgerechtigkeit, unser vermeintliches Gutsein ablegen, und wir müssen mit all unserer Not zu ihm kommen – gerade so, wie wir sind. Die Einladung des Herrn lautet: „... kommt her, kauft und esst! Kommt her und kauft ohne Geld und umsonst Wein und Milch!" (Jesaja 55,1; Schl. 2000).

Und wie das Glaubenslied es sagt:

> So wie ich bin, so muss es sein,
> nicht meine Kraft, nur Du allein;
> dein Blut wäscht mich von Flecken rein,
> o Gottes Lamm, ich komm, ich komm.[6]

39

Die Straße überqueren

„Du leitest mich nach deinem weisen Plan."
Psalm 73,24; NGÜ

Du erinnerst dich vielleicht daran, dass Spurgeon in einem Dorf namens Kelvedon in Essex geboren wurde. Er verbrachte auch eine ziemlich lange Zeit in Stambourne – ebenfalls ein kleiner Ort –, wo er bei seinen Großeltern lebte. Die erste Gemeinde, der er als Pastor vorstand, war in Waterbeach in Cambridgeshire, wiederum ein kleines Städtchen, auch wenn er zwischenzeitlich in Colchester und Cambridge lebte. Aber grundsätzlich war er eher das Landleben gewöhnt und nicht das Stadtleben.

Als er das erste Mal zum Predigen nach London ging, mochte er es überhaupt nicht – die Pferde und Kutschen und der Lärm und die Geschäftigkeit. Vielleicht geht dir das ja genauso: Du bist in einem Dorf oder einer Kleinstadt groß geworden, und wenn du eine große Stadt besuchst, fühlst du dich etwas unwohl und verunsichert. Das kann schon recht verwirrend sein!

Eines der Dinge, an das sich Spurgeon nie gewöhnen konnte und das er nie mochte, war, eine geschäftige Straße zu überqueren! Heute sieht man in einer großen Stadt natürlich viele verschiedene Arten von Fahrzeugen, die sich auf den dichten Straßen entlangschlängeln: Autos, Taxis, Motorräder, Busse, Lastwagen usw. Zu Spurgeons Zeit gab es diese Verkehrsmittel noch nicht, aber es gab verschiedene Kutschen, die von Pferden gezogen wurden. Ich wage zu behaupten, dass es schneller geht, ein modernes Fahrzeug zum Stehen zu bringen als eine von einem Pferd gezogene Kutsche – wobei das Überqueren einer Straße schon immer nicht ganz ungefährlich war. Deshalb sollte man sich auch an die Straßenverkehrsordnung halten. (In England gibt es auch den Green Cross Code, der Fußgängern ein sicheres Überqueren der Straße ermöglichen soll. Kennst du ihn zufällig?)

Eines Tages befand sich Spurgeon genau im Zentrum von London – in der Nähe der Bank of England. Hast du dieses große Gebäude schon einmal gesehen? Spurgeon wollte die Straße überqueren – aber er hatte zu viel Angst! Ich erinnere mich, dass ich ein ähnliches Erlebnis hatte, als ich mich in der Hauptstadt der Philippinen aufhielt – diese Stadt heißt Manila. Ich war mit einigen christlichen Filipinos unterwegs, und sie waren es gewöhnt, die Straße dort zu überqueren – aber ich war es nicht! Es gab eine Schnellstraße mit sechs Spuren, die alle in eine Richtung verliefen. Genau wie Spurgeon konnte ich nicht den Mut aufbringen, die Straße zu überqueren! Schließlich kam eines der Filipino-Mädchen zurück, nahm mich an der Hand – ich schloss die Augen – und führte mich sicher über die Straße!

Nun, zurück zu Spurgeon, der sich fragte, was er tun sollte, als gerade ein blinder Mann des Weges kam, ihn am Arm packte und um Hilfe bat, um über die Straße zu kommen!

„Ich habe Angst, die Straße zu überqueren!", entschuldigte Spurgeon sich.

„Aber Sie können doch sehen!", entgegnete der blinde Mann.

„O ja!", antwortete Spurgeon. „Ich kann sehen, aber ich habe Angst!"

Der Mann ließ nicht locker: „Wenn Sie sehen können, vertraue ich Ihnen."

Das Vertrauen des blinden Mannes gab Spurgeon den Mut, den er brauchte. Und so gingen die beiden Männer – Arm in Arm – sicher über die Straße. Als sie auf der anderen Straßenseite angekommen waren, bemerkte der Blinde: „Ich wusste, dass ich Ihnen vertrauen kann!"

Es kann gefährlich sein, eine Straße zu überqueren, aber es kann noch gefährlicher sein, auf der Reise durch das Leben zu sein. Wie kann jemand denn sicher in den Himmel gelangen? Die Antwort liegt in dem, was der blinde Mann zu Spurgeon sagte: „Ich wusste, dass ich Ihnen vertrauen kann." Wir müssen dem Herrn Jesus Christus vertrauen. Wir sind sicher, wenn wir mit ihm unterwegs sind, wenn wir an seiner Hand gehen. Der Psalmist betonte: „Du leitest mich nach deinem weisen Plan und nimmst mich am Ende in Ehren auf" (Psalm 73,24; NGÜ).

40

Wie viel kostet eine Mitgliedschaft?

„Ins Verderben mit dir und deinem Geld! Du hast wohl gemeint, die Gabe Gottes mit Geld erwerben zu können!"
Apostelgeschichte 8,20; ZÜ

Jede Kirchengemeinde hat eine Mitgliedschaft – das heißt, die Leute schließen sich ihr tatsächlich an und werden Mitglieder, sodass sie vollwertig am gesamten Dienst und Zeugnis der Gemeinde teilnehmen können. Genauso war es auch im Metropolitan Tabernacle, und Spurgeon persönlich befragte für gewöhnlich diejenigen, die sich der Kirche anschließen wollten. Aber nicht jeder kann sich einer Gemeinde anschließen. Was ist deiner Meinung nach die hauptsächliche Qualifikation dafür?

Ich denke, dass du das weißt! Jede Person, die sich einer Gemeinde anschließt, sollte ein wirklicher Christ sein, sollte sich bekehrt haben, sollte wiedergeboren sein und Jesus Christus als seinen oder ihren persönlichen Herrn und Heiland angenommen haben und ihm nachfolgen.

Eines Tages wurde ein Mann bei Spurgeon vorstellig und sagte, dass er sich der Kirche anschließen wollte. Aber im Laufe des Gesprächs wurde klar, dass er sein Leben dem Herrn Jesus nicht anvertraut hatte und kein wahrer Christ war.

Der Mann bot Spurgeon dann eine Spende von £ 700 an für ein Werk, das mit der Kirche verbunden war, wenn dieser ihn als Mitglied akzeptieren würde. Nun, das ist selbst heute noch eine ganze Menge Geld, aber zu jener Zeit war es natürlich noch viel mehr wert! „Ich werde es der Gemeinde oder dem College oder dem Waisenhaus geben – wie auch immer Sie das wünschen!" Was meinst du denn zu dem großzügigen Angebot?

Spurgeon jedoch sagte: „Nein!"

Der Mann entgegnete: „Aber ich biete Ihnen doch das ganze Geld an, nur um ein Mitglied zu werden!"

Spurgeon antwortete: „Nein, noch nicht einmal, wenn Sie mir siebenmal £ 700 anbieten würden!"

Ich frage mich, warum dieser Mann so versessen darauf war, sich der Gemeinde anzuschließen. Fallen dir irgendwelche Gründe dafür ein? War es deshalb, weil das Metropolitan Tabernacle eine sehr berühmte und beliebte Kirche war und er tun wollte, was viele andere Leute auch taten? Vielleicht dachte er, dass er großartige Gaben hatte, die eingesetzt werden konnten. Oder vielleicht glaubte er, dass ein Mitglied zu werden ihm einen Platz im Himmel sichern würde.

Schön und gut, die Jahre gingen ins Land – und dann kam dieser gleiche Mann noch einmal zu Spurgeon. Er bedankte sich sogar dafür, dass er es abgelehnt hatte, ihn als Mitglied aufzunehmen, denn, so betonte er, das hätte ihn zum tieferen Nachdenken über geistliche Dinge gebracht. Er erkannte, dadurch dass ihm die Mitgliedschaft verweigert wurde, dass er nicht wirklich ein ernster Christ war. Aber schließlich hatte er sich glücklicherweise doch noch bekehrt und dann schloss er sich tatsächlich dem Tabernacle an!

Es gibt in der Apostelgeschichte eine sehr traurige Geschichte von einem Mann namens Simon, der glaubte, dass er sich geistlichen Einfluss und Macht kaufen könnte. „Petrus aber sprach zu ihm: Ins Verderben mit dir und deinem Geld! Du hast wohl gemeint, die Gabe Gottes mit Geld erwerben zu können!" (Apostelgeschichte 8,20; ZÜ). Du kannst dir die Errettung nicht mit Geld erkaufen, geschweige denn die Mitgliedschaft in einer christlichen Kirche. Die Erlösung ist ein freies Geschenk. Ist das nicht sehr schön zu wissen!

41
Ehrlich währt am längsten!

*"... und in jeder Hinsicht so zu leben versuchen,
wie es gut und richtig ist."*
Hebräer 13,18; NGÜ

Menschen, die verschiedene Berufe haben, brauchen auch verschiedene Werkzeuge. Kannst du eine imaginäre Linie von jedem Beruf einer Person in der linken Spalte zu jedem Arbeitsmittel in der rechten Spalte, die er oder sie bei der Berufsausübung benötigt, ziehen?

Ein Schreiner		Bücher
Ein Kraftfahrer		einen Computer
Ein Gärtner	BENÖTIGT	eine Säge
Ein Computerspezialist		einen Spaten
Ein Prediger		ein Fahrzeug.

Sicherlich hast du herausgefunden, was ein Prediger benötigt! Er kann zwar einen Computer und eine Säge und einen Spaten und ein Fahrzeug haben – aber er muss in erster Linie Bücher haben! Das Buch, das immer ganz oben auf seiner Bücherliste steht, ist natürlich die Bibel, aber er benötigt noch andere Bücher, die ihm helfen, die Schrift besser zu verstehen. Du hast vermutlich auch einige Bücher – ich jedenfalls auch, aber ich gehe einmal davon aus, dass wir nicht so viele haben wie Spurgeon. Er hatte in etwa 12.000 Bücher! Das ist eine riesige Menge. Und ich glaube, dass er es geschafft hat, die meisten davon – wenn nicht sogar alle – zu lesen, und erstaunlicherweise konnte er sich gut an vieles erinnern, was er gelesen hatte!

Du hast wahrscheinlich auch ein Lieblingsbuch (abgesehen von der

Bibel!) und auch Spurgeon hatte eines. Eines, was er sehr mochte – das du vielleicht auch gelesen hast –, hieß Pilgrim's Progress (Die Pilgerreise) von John Bunyan. Aber das Buch, das er „das reichste Buch in meiner Bibliothek" nannte, hatte den Titel Things New and Old (dt.: „Neue und alte Dinge"), geschrieben von einem Autor namens John Spenser. Es war sehr alt – es war tatsächlich im Jahr 1658 geschrieben worden!

Dieses Buch hatte er von einem Mann geschenkt bekommen, den er noch nicht einmal sehr gut kannte und der Mr. Oliver genannt wurde. Spurgeon freute sich sehr darüber, auch wenn es sich in einem ziemlich zerfledderten Zustand befand. Nach all den Jahren wundert mich das gar nicht! Nun, Mr. Oliver wurde schließlich wegen einiger Straftaten angeklagt, und Spurgeon entdeckte, dass das Buch, das er so sehr mochte, gar nicht Mr. Oliver gehört hatte: Er hatte es entweder ausgeliehen oder gestohlen und es dann Spurgeon gegeben!

Was sollte Spurgeon da machen? Er fand das Buch so hilfreich und wollte sich nicht von ihm trennen. Ich weiß nicht, ob er versucht war, es zu behalten, aber er wusste, was zu tun war. Er fand heraus, wem es wirklich gehörte, und er gab es seinem rechtmäßigen Besitzer zurück. Und doch tat es ihm sehr leid, das Buch zu verlieren!

Bald darauf jedoch sandte ein christlicher Herr – ohne zu wissen, wie sehr Spurgeon das Buch vermisste – ihm das gleiche Buch zu, und dieses war in einem weit besseren Zustand als dasjenige, das er zurückgegeben hatte!

Es gibt ein altes Sprichwort. Das lautet: „Ehrlich währt am längsten!" Und das ist es, was der Herr von uns möchte – dass wir ehrlich und vertrauenswürdig sind. Der Schreiber des Hebräerbriefes formulierte es so: „Betet für uns! Ihr dürft dabei sicher sein, dass wir ein reines Gewissen haben und in jeder Hinsicht so zu leben versuchen, wie es gut und richtig ist" (Hebräer 13,18; NGÜ).

42

Zeit und Ewigkeit

„Sammelt euch vielmehr Schätze im Himmel."
Matthäus 6,20; Schl. 2000

Ich bin mir recht sicher, dass du inzwischen weißt, dass das Metropolitan Tabernacle ein sehr großes Gebäude war. Vorne im Saal stand eine große Kanzel, die mehr nach einer Plattform aussah. Was meinst du, war in der Kanzel? In einem Punkt bin ich mir ganz sicher: Es war eine Bibel dort. Jeder Prediger benötigt eine Bibel! Aber es gab noch etwas anderes, etwas, was ein Redner sehr sinnvoll findet – und hier ist ein kleiner Tipp für dich: Es hält ihn davon ab, zu lange zu predigen! Errätst du es?

In Spurgeons Kanzel befand sich eine Uhr! Vielleicht gibt es ja auch eine in der Gemeinde, zu der du gehst – wenn ja, wo befindet sie sich denn?

Vor einiger Zeit las ich eine Geschichte von einer Frau aus Asien, die nach Amerika auswanderte. Und eines Sonntagmorgens besuchte sie einen Gottesdienst in einer Kirche dort. Im Anschluss fragte sie jemand, wie sie die Versammlung gefunden hätte. Sie antwortete: „Ich fand sie interessant! Ich habe schon erlebt, dass Menschen viele unterschiedliche Gegenstände verehren, aber hier habe ich zum ersten Mal Menschen eine Uhr anbeten sehen! Während des Gottesdienstes starrten sie alle mit andächtigem Blick die Uhr an, und als die beiden Zeiger bei der Zahl zwölf aufeinander trafen, schlossen alle die Augen und beteten, und dann war der Gottesdienst zu Ende. Ich habe noch nie zuvor Uhrenanbeter gesehen!"

Wenn du in der Kirche bist, versuche dich auf das zu konzentrieren, was gesagt wird, und schaue nicht andauernd auf die Uhr oder deine Armbanduhr. Du bist nicht dort, um darüber nachzudenken, wie spät es gerade ist oder wann der Gottesdienst endlich vorbei ist, sondern über viel wichtigere Dinge. Und ich bin mir sicher, dass die Besucher des Tabernacles auch keine Uhrenanbeter waren!

Tja, da war diese Uhr in der Kanzel des Tabernacles, aber ein Dieb hat sie eines Tages gestohlen. Aber das war noch nicht alles: Eine andere Uhr, die in einer der Kirchensäle für die Gebetstreffen benutzt wurde, wurde ebenfalls gestohlen! Die Medien berichteten über den Diebstahl, und eine Zeitung behauptete, dass der Dieb ja eine gute Ausrede für das Entwenden der Uhr hatte – nämlich damit Spurgeon weniger auf die Zeit bedacht wäre als auf die Ewigkeit!

Es dauerte nicht lange und zwei Leute schenkten der Gemeinde jeweils eine Uhr, um die gestohlenen zu ersetzen, sodass Spurgeon sicherstellen konnte, dass die Gottesdienste und Gebetstreffen nicht zu lange dauerten!

In der Bergpredigt sagte Jesus: „Ihr sollt euch nicht Schätze sammeln auf Erden, wo die Motten und der Rost sie fressen und wo die Diebe nachgraben und stehlen. Sammelt euch vielmehr Schätze im Himmel, wo weder die Motten noch der Rost sie fressen und wo die Diebe nicht nachgraben und stehlen!" (Matthäus 6,19-20; Schl. 2000). Die Erdenzeit ist sehr kurz verglichen mit der Ewigkeit! Denke daran, wenn ein Gemeindegottesdienst einmal lange zu dauern scheint! Und versuche darüber nachzudenken, wo du die Ewigkeit verbringen wirst und ob du bereit bist, Gott zu begegnen.

43
Die Reise durchs Leben

„HERR, zeige mir deine Wege."
Psalm 25,4; Schl. 2000

Spurgeons Predigten waren vollgepackt mit Beispielen aus dem Alltag. Indem er die Wahrheit auf diese Weise lehrte, ahmte er den Herrn Jesus Christus selbst nach. Die Menschen, zu denen Jesus zum Beispiel sprach, sahen in ihrem Alltagsleben häufig Schafe und Schafhirten – und so sprach Jesus immer wieder von ihnen. Erinnerst du dich an etwas, was er über Schafe sagte? Er erzählte einmal ein Gleichnis von einem Schaf, das was war? Verloren! Er verglich seine Nachfolger in gewisser Weise mit Schafen und bezeichnete sich selbst als den guten Hirten seiner Herde.

Die Leute damals kannten sich auch mit Hochzeiten aus, und so erzählte Jesus ein Gleichnis von einem Hochzeitsfest und von einem Mann, der zu einer Hochzeit ging, dem aber etwas Wichtiges fehlte, und das war die passende Bekleidung! Jesus sprach noch von so vielen anderen alltäglichen Themen und Ereignissen, über die seine Zuhörer jede Menge wussten. Fallen dir da sonst noch andere ein?

Als Spurgeon in London lebte und arbeitete, war es eine geschäftige Stadt - so wie heute natürlich auch. Die Straßen waren sehr verkehrsreich. Wenn die Leute hätten irgendwohin reisen wollen, wie hätten sie das bewerkstelligen können, wenn sie nicht ein eigenes Transportmittel hatten? Nun, wenn sie über genug Geld verfügten, konnten sie mit einer Droschke bzw. Taxi verreisen, und wenn sie etwas ärmer waren, konnten sie den Bus nehmen. Selbstverständlich wurden „Taxis" (Droschken) und „Busse" zu jener Zeit noch von Pferden gezogen.

Es gab jedoch noch eine andere Fortbewegungsart, die sie hätten nutzen können. Kannst du dir vorstellen, was das gewesen sein mag? Noch heute kann man an einigen wenigen Orten in England damit fahren, wie z.B. in Blackpool und Sheffield. Ja, sie hätten auch mit der Straßenbahn reisen können. Straßenbahnen fuhren auf Schienen so wie die Eisenbahn, aber sie fuhren in kleinen und großen Städten entlang der Straßen.

Spurgeon illustrierte dies mit dem folgenden Beispiel: Er sagte, dass, wenn der Straßenbahnfahrer sich auf die Reise begibt, er geradewegs auf den Schienen fährt. Wenn er die ganze Strecke vor sich überblicken könnte, würde er sehen, wie Pferdewagen und Kutschen und Busse und Menschen seinen Weg blockierten, und dann könnte er sich sagen: „Ich werde nie bis zum Ende der Strecke durchkommen mit all den Hindernissen auf der Straßenbahnlinie!" Aber so denkt er nicht. Er fährt einfach weiter, und wenn ihm etwas den Weg versperrt, bläst er in seine Pfeife und das Gefährt vor ihm wird von den Schienen herunterfahren und er wird sein Ziel erreichen.

Dann erklärte Spurgeon, dass das christliche Leben genauso ist. Zwischen uns und dem Himmel gibt es so viele Hindernisse, dass, wenn wir an alle denken würden, wir Angst bekommen und verzweifeln könnten. Aber alles, was wir tun müssen, ist, einfach weiter vorwärtszugehen mit dem Herrn; und wenn uns etwas in die Quere kommt, sollten wir zum Gebet aufrufen und den Herrn bitten, uns zu helfen. Wenn wir das tun, gelangen wir sicher ans Ziel der Herrlichkeit.

Auch wenn der Psalmist David überhaupt noch nichts von Straßenbahnen wusste, so wusste er doch viel über die Reise durch das Leben mit dem Herrn. Er schrieb: „HERR, zeige mir deine Wege und lehre mich, auf deinen Pfaden zu gehen! Führe mich durch deine Treue und unterweise mich. Denn du bist der Gott, der mir Rettung schafft. Auf dich hoffe ich Tag für Tag" (Psalm 25,4-5; NGÜ).

44

Geburtstage

„Wer an den Sohn glaubt, der hat ewiges Leben."
Johannes 3,36; Schl. 2000

Ich feiere gerne meinen Geburtstag, und du? Es ist immer schön, Geburtstagskarten zu bekommen und auch Geschenke! Jemand sagte einmal, dass Geburtstage eine gute Sache sind, denn die Statistiken zeigen, dass diejenigen, die die meisten haben, am längsten leben! Klar weißt du, wann dein eigener Geburtstag ist. Vielleicht kennst du ja auch jemanden, der am selben Tag wie du geboren wurde.

Ein paar Sonntage vor Spurgeons fünfzigstem Geburtstag kam eine Dame nach dem Morgengottesdienst auf ihn zu und erzählte ihm, dass sie haargenau am gleichen Tag wie er geboren wurde, nämlich am 19. Juni 1834, und dass sie sich ebenfalls auf ihren fünfzigsten Geburtstag später in diesem Monat freute. Sie sollten also beide am selben Tag feiern!

So sagte sie zu ihm: „In diesem Punkt bin ich wie Sie, aber in anderen Dingen bin ich das genaue Gegenteil von Ihnen."

Spurgeon antwortete: „Dann müssen Sie eine gute Frau sein!"

Sie entgegnete: „Nein, das meine ich eigentlich nicht damit."

Er sagte: „Aber sind Sie denn nicht eine Gläubige?"

„Tja", antwortete sie, „Ich ... ich versuche eine zu sein."

Er nahm sie bei der Hand und sagte zu ihr: „Sie wollen mir doch nicht erzählen, dass Sie versuchen, an meinen Herrn Jesus Christus zu glauben? Als Ihre Mutter noch lebte, sagten Sie dann auch zu ihr: ‚Mutter, ich werde versuchen dir zu vertrauen'? Nein, Sie schenkten ihr Glauben, weil sie vertrauenswürdig war, und so müssen Sie auch an Jesus Christus glauben."

„Sir", sagte sie, „bitte beten Sie für mich!"

Spurgeon antwortete, was vielleicht erstaunlich ist: „Nein, das werde ich nicht tun! Worum sollte ich denn für Sie beten? Wenn Sie meinem Herrn nicht glauben werden, welchen Segen kann er Ihnen dann geben? Was hat er denn je getan, dass Sie sagen könnten: ‚Ich kann ihm nicht glauben'?"

Und noch einmal beteuerte sie: „Ich werde es versuchen!"

Dann zitierte Spurgeon Johannes 3,16 für sie: „Wer an den Sohn glaubt, der hat ewiges Leben" (Johannes 3,36; Schl. 2000).

Sie antwortete und meinte: „Ich habe immer nur auf meine Gefühle geschaut und das war mein Fehler."

Was zählt, ist nicht der Versuch, sondern das Vertrauen. Versuche nicht zu vertrauen – vertraue einfach!

45

Ein unerwarteter Besucher

„Wenn nun sein Herr kommt und ihn bei der Arbeit findet –
wie glücklich ist da der Diener zu preisen!"
Lukas 12,43; NGÜ

Manchmal treffen Leute Vorkehrungen, um dich zu besuchen. Sie sagen vielleicht zu dir: „Kann ich am Samstagnachmittag mal vorbeikommen, so gegen 15 Uhr?" Wenn dir das passt, bereitest du dich auf deinen Besuch vor. Vielleicht machst du dein Zimmer sauber und wahrscheinlich bereitet deine Mutter Getränke vor, um die Besucher zu bewirten. Andere Leute kommen aber auch einfach vorbei, ohne Vorwarnung. Du erwartest sie nicht, aber da sind sie und klopfen an deine Tür!

Spurgeon war, wie wir wissen, ein viel beschäftigter Mann, aber manchmal besuchte er natürlich auch Leute, die Mitglied des Tabernacles waren. Eines Tages stattete er einer der Frauen in der Gemeinde einen Besuch ab, ohne sich vorher bei ihr angekündigt zu haben. Er kam einfach unerwartet und ungebeten.

Was hätte deine Familie getan, wenn sie mitbekommen hätte, dass Spurgeon vorbeikommen würde? Deine Mutter hätte wahrscheinlich darauf bestanden, den Teppich zu saugen, hätte vielleicht das feinste Porzellangeschirr für den Tee bereitgestellt und du hättest die Ansage bekommen, dir die Hände zu waschen, ein frisches T-Shirt anzuziehen und dich vorbildlich zu verhalten! Aber es wäre schwieriger geworden, wenn er unerwartet vorbeigekommen wäre, nicht wahr?

Als Spurgeon bei dem Haus der Dame ankam, war die Frau auf ihren Knien und schrubbte die Treppenstufen ihres Hauses. Wie muss sie sich wohl gefühlt haben?! Sobald sie ihn kommen sah, wurde sie sehr nervös und verlegen!

„O du meine Güte, mein Herr", sagte sie, „ich wusste ja gar nicht, dass Sie heute kommen würden, sonst wäre ich bereit für Ihren Besuch gewesen!"

Da du schon einiges über Spurgeon weißt, wie meinst du, hat er wohl reagiert?

Nun, er gab ihr zu verstehen, dass sie doch bereit war, denn sie tat gerade das, was sie tun sollte. So sagte er: „Wenn der Herr Jesus Christus plötzlich wiederkommt, hoffe ich, dass er mich so vorfindet wie Sie, nämlich so, dass ich die Pflicht der Stunde erfülle."

Als er die Geschichte später wiedergab, sagte er: „Ich dachte, sie schaut ansehnlicher aus mit ihrem Putzeimer neben ihr, als wenn sie nach der neuesten Mode gekleidet gewesen wäre."

Der Herr Jesus Christus wird wieder auf diese Welt kommen, dieses Mal nicht als kleines Kind, sondern als Herr und König in Herrlichkeit. Wann wird das sein? Niemand weiß das. Eine viel wichtigere Frage ist doch: Was sollten wir gerade tun, wenn er wiederkommt? Vielleicht magst du ja einmal das Gleichnis vom treuen und bösen Diener lesen, das Jesus im Lukasevangelium, Kapitel 12, Verse 35-48, erzählte. Der treue Knecht war dabei, seine Pflicht zu erfüllen, als sein Herr zurückkehrte – das heißt, einfach nur die gewöhnlichen Sachen, die ihm aufgetragen worden waren. Sollten wir noch leben, wenn Jesus wiederkommt, dann sollte das Gleiche auch über uns gesagt werden können. Jesus sagte: „Wenn nun sein Herr kommt und ihn bei der Arbeit findet – wie glücklich ist da der Diener zu preisen!" (Lukas 12,43; NGÜ).

46

Anderen das Evangelium verkündigen

„... verkündige ihnen, welch große Dinge der Herr an dir getan ... hat."

Markus 5,19; Schl. 2000

Als Christ möchte man immer, dass auch andere Menschen Christ werden. Wir möchten, dass der Herr, der uns errettet hat, auch andere rettet. Der Herr Jesus gab den Auftrag, dass das Evangelium – die frohe Botschaft von der Vergebung und dem ewigen Leben durch den Glauben an ihn – allen Menschen auf der ganzen Welt verkündigt werden sollte. Die ersten Christen nahmen diesen Missionsbefehl sehr ernst, und du kannst in der Apostelgeschichte nachlesen, wie die gute Nachricht sich immer weiter in der Welt ausbreitete und wie viele Menschen zum Glauben an den Erlöser kamen und dem Herrn Jesus Christus ihr Leben anvertrauten. So ist es auch die letzten zweitausend Jahre gewesen. Fortwährend hören neue Leute die Botschaft und der Herr tut beständig neue Gläubige zur weltweiten Kirche hinzu.

Ich möchte, dass du gerade jetzt einmal darüber nachdenkst, wie das Evangelium heute verbreitet werden kann.

Menschen können auf folgende Weise etwas über den Weg des Heils erfahren, und zwar durch:

Predigten und Unterricht

Kindergottesdienste

Bibeltreffs

Traktate und Bücher

Hausbesuche

Radio und Fernsehen
das Internet
persönliche Zeugnisse
Evangelisationen und missionarische Großveranstaltungen

Vielleicht fallen dir noch andere Möglichkeiten ein.

Eines Tages sprach ein christlicher Mann mit Spurgeon und fragte ihn, was er tun könne, um andere für Christus zu gewinnen. Spurgeon fragte ihn: „Was sind Sie von Beruf? Was machen Sie beruflich?" Der Mann antwortete: „Ich bin Lokomotivführer."

Weißt du, welche Art von Zügen zu der damaligen Zeit fuhren? Es waren Dampfzüge. Du kannst sie immer noch an manchen Orten sehen und sogar heute noch mit ihnen fahren.

Im Führerraum der Lokomotive hielten sich der Lokomotivführer und ein weiterer Mann auf, der sogenannte Heizer (im Englischen „fireman", wörtlich „Feuerwehrmann"). Er war nicht dazu da, ein Feuer zu löschen, sondern das Gegenteil zu tun: Es war seine Aufgabe, Kohlen in den Kessel zu schaufeln, um das Feuer in Gang zu halten, ansonsten hätte der Zug gestoppt!

Spurgeon fragte den Mann: „Ist dein Heizer ein Christ?" Er antwortete: „Ich weiß es nicht!" Spurgeon sagte: „Geh zurück und finde es heraus und fange bei ihm an!"

Einige junge Christen träumen vielleicht von einem Leben als Missionar oder als großer Prediger, aber was wir alle tun sollten, ist, dort zu beginnen, wo Gott uns hingestellt hat, und genau dort sollen wir seiner Erwartung nach ihm dienen. Vielleicht beruft er dich auch, wenn du ihm vertraust, später etwas anderes zu tun, aber das Wichtigste ist, ihm im Hier und Jetzt zu dienen – genau dort, wo du gerade bist.

Es gab damals einen von einem bösen Geist besessenen Mann, den Jesus heilte. Dieser wollte mit Jesus gehen, aber der sagte zu ihm: „Geh in dein Haus, zu den Deinen, und verkündige ihnen, welch große Dinge der Herr an dir getan und wie er sich über dich erbarmt hat!" (Markus 5,19; Schl. 2000).

47

Würdest du tauschen wollen?

„Denn was wird es einem Menschen helfen,
wenn er die ganze Welt gewinnt und sein Leben verliert?"
Markus 8,36; Schl. 2000

Spurgeon traf ganz viele Leute und auch ganz unterschiedliche - Junge und Alte, Reiche und Arme, Gläubige und Ungläubige. Eines Tages kam er ins Gespräch mit einem jungen Mann, der sehr reich war. Er hatte alles, was die Welt zu bieten hatte! Er sagte zu Spurgeon: „Ich kann Christen nicht ausstehen! Ihre Religion macht sie weder fröhlich noch glücklich, sie sind immer am Jammern und Stöhnen und sie beklagen sich ständig."

Spurgeon sagte: „Komm mal mit, mein Freund, wir besuchen jetzt einen von deinen jammernden Christen!"

Er nahm den jungen Mann mit zu einem Wohnblock. Sie gingen hinein, stiegen viele Treppen hoch und steuerten geradewegs ein Zimmer auf dem Dachboden an. Dort vor einem Kamin saß eine ältere Frau. Wärmte sie sich gerade am Feuer? Nein! Es brannte kein Feuer im Kamin, weil sie so arm war, dass sie sich keine Kohle und kein Holz leisten konnte. Und dazu kamen noch ihr Rheuma und viele andere Beschwerden.

Spurgeon fragte sie: „Wie geht es denn Ihrem Rheumatismus heute?"

Sie antwortete: „O, es ist ja so schlimm und es wird nie besser!"

Dann sagte Spurgeon zu ihr: „Nun, schauen Sie sich mal diesen jungen Mann an. Er ist reich, er ist gesund und stark und er kann sich jedes Vergnügen leisten, was man sich auf Erden nur denken kann, und er geht ohne Gott durch die Welt. Sagen Sie mir jetzt einmal, würden Sie gerne mit ihm tauschen?"

Nun, was für eine Veränderung, was für ein toller Tausch wäre das! Das Alter gegen die Jugend auszutauschen! Die Krankheit gegen die Gesundheit auszutauschen! Die Armut gegen den Reichtum! Das hört sich gut an, nicht wahr? Aber auf der anderen Seite bedeutete dies hier, das Vertrauen gegen den Unglauben auszutauschen, das geistliche Leben gegen den geistlichen Tod und die Verheißung des Himmels gegen den Schrecken der Hölle. Das hört sich nicht wirklich nach einem guten Tausch-Geschäft an!

Was glaubst du, hat die alte Frau geantwortet? Nun, alles, was sie sagen konnte, war das: „Mit IHM tauschen?" Damit meinte sie: „Um keinen Preis!"

Ich bin mir sicher, dass diese ältere Dame die Worte des Herrn Jesus kannte. Er sagte: „Denn was wird es einem Menschen helfen, wenn er die ganze Welt gewinnt und sein Leben verliert?" (Markus 8,36; Schl. 2000). Es gibt ein Glaubenslied, das aus ihrem Mund hätte stammen können:

> Ich liebe nur Jesus, nicht Güter und Geld;
> ich liebe nur ihn, nicht den Reichtum der Welt.
> Ich liebe nur Jesus, nicht Häuser und Land;
> ich liebe nur ihn, dessen Lieb mich fand.[7]

48

Krieg

„... alle, die zum Schwert greifen,
werden durch das Schwert umkommen."
Matthäus 26,52; Schl. 2000

Es ist sehr traurig, dass fast zu allen Zeiten Kriege auf der ganzen Welt ausgefochten werden. Im zwanzigsten Jahrhundert gab es zwei Weltkriege. Kennst du die Jahreszahlen, zu denen sie stattgefunden haben? Millionen von Menschen wurden in diesen Konflikten getötet: Soldaten in den verschiedenen Armeen wie auch viele Zivilisten, darunter viele Männer, Frauen und Kinder. Städte und Dörfer – weit entfernt von den Frontlinien - wurden bombardiert. Schau mal, ob du herausfinden kannst, ob der Ort, wo du wohnst, auch bombardiert wurde. Kennst du noch weitere Kriege in jüngster Zeit? Großbritannien war z.B. am Falklandkrieg beteiligt und später am Golfkrieg. Bei allen Kriegshandlungen werden natürlich immer viele Menschen verletzt und getötet.

Als Spurgeon Pastor des Tabernacles in London war, wurde gerade ein Krieg zwischen Frankreich und Deutschland ausgetragen. Spurgeon brachte seine eigene Zeitschrift mit Predigten heraus, die *The Sword and Trowel* hieß (dt. Titel: Schwert und Kelle). Darin schrieb er einen Brief an die beiden Regenten dieser Länder – an Napoleon, den Kaiser von Frankreich, und an Wilhelm, den König von Preußen.

Er schrieb:

„Wenn Sie schon kämpfen müssen, warum krempeln Sie dann nicht selbst die Ärmel hoch und gehen nicht selbst in den Kampf? Es ist feige von Ihnen, viele andere Mitmenschen zu schicken, die Ihretwegen erschossen werden. Ich mag Kämpfe überhaupt nicht, aber wenn es das Leben von Millionen von Leuten retten würde,

würde es mir nichts ausmachen, mich um Ihre Jacken zu kümmern, während Sie sich einen Faustkampf liefern! … Hat sich einer von Ihnen beiden jemals darüber Gedanken gemacht, was ein Krieg bedeutet? Warum, wenn Sie aus Fleisch und Blut gemacht sind, lässt Sie der Anblick eines armen verwundeten Mannes – aus dem das Blut herausquillt – Übelkeit hervorrufen?"

Dann fuhr er fort und betonte, dass er es nicht mochte, auch nur ein Tier mit Schmerzen zu sehen, aber um wie viel schlimmer es doch ist, Menschen zu sehen, die sich vor Schmerzen winden. So schrieb er: „Beenden Sie diesen Krieg sofort, wenn Sie können, und wenden Sie sich besseren Unternehmungen zu, als Menschen abzuschlachten!"
Ich weiß nicht, ob Napoleon oder König Wilhelm Spurgeons offenen Brief an sie je zu Gesicht bekamen, aber wenn sie ihn gelesen hätten, müsste er sie mit Sicherheit zum Nachdenken gebracht haben!
Heute werden Kämpfe und Kriege häufig glorifiziert. Viele Filme und Spiele machen Kriege zu einer aufregenden Sache, und Jungs mögen Kampfszenen ganz besonders: Indianer und Cowboys, Soldaten, die Kanonen abfeuern, Krieg der Sterne! Wir müssen uns bewusst machen, dass reale Kriege etwas Schreckliches sind. Sie bringen Leid, Traurigkeit und Verlust.
Als Männer in den Garten Gethsemane kamen, um Jesus zu verhaften, griff Petrus nach dem Schwert und schlug dem Diener des Hohepriesters ein Ohr ab. Er liebte Jesus und wollte ihn beschützen und ihn vor seinen Feinden retten. „Da sprach Jesus zu ihm: Stecke dein Schwert an seinen Platz! Denn alle, die zum Schwert greifen, werden durch das Schwert umkommen!" (Matthäus 26,52; Schl. 2000).

49

Ist das real?

„Heute, wenn ihr seine Stimme hört,
so verstockt eure Herzen nicht."
Hebräer 3,15; Schl. 2000

Ein Haus, in dem Spurgeon in London lebte, lag ziemlich nahe am Wimbledon Common (einem großen Park in Wimbledon), und natürlich gibt es den Common heute immer noch. Vielleicht warst du ja schon selber dort. Und vielleicht hast du ja auch schon von den Wombles gehört, jenen fiktiven pelzigen Kreaturen, die angeblich in Erdlöchern auf dem Common hausten und Müll sammelten und recycelten. Kinderbücher wurden über sie geschrieben und eine Fernsehserie für Kinder wurde vor Jahren ausgestrahlt.

Eines Tages saß Spurgeon mit einem Freund im Wohnzimmer, und die Fenster waren geöffnet, da es ein schöner, warmer Tag war. Und dann – ganz plötzlich – hörten sie: „Peng! Peng! Bumm! Bumm!" Gewehre und Kanonen wurden auf dem Common abgefeuert. Wenn du dort gewesen wärst, hättest du es womöglich mit der Angst zu tun bekommen.

Doch Spurgeon und sein Freund waren überhaupt nicht verängstigt und ich kann dir auch sagen, warum. Es war ihnen schon mitgeteilt worden, dass militärische Manöver auf dem Common stattfinden sollten. Soldaten probierten ihre Schießgewehre und Kanonen aus, und so war der ganze Lärm vom Knall der Gewehre und Donner der Kanonen nichts, worüber sie beunruhigt sein mussten. Es gab keine echten Kämpfe und es gab auch keine reale Gefahr!

Spurgeons Freund sagte: „Angenommen, es gäbe einen realen Krieg da draußen, dann würden wir hier nicht so gemütlich in unserem Zimmer sitzen mit weit geöffneten Fenstern und diesem ganzen Lärm zuhören!" Weil sie wussten, dass es nur eine Übung war, hatten sie keine Angst. Sie wussten, dass es kein echter Kampf war.

Das Geschehen an diesem Tag und der Kommentar seines Freundes ließen Spurgeon daran denken, dass viele Leute vom Herrn Jesus Christus hören, von Gott hören, vom Himmel und der Hölle hören, aber trotzdem glauben, dass das alles nicht real ist und somit nichts mit ihnen zu tun hat.

Wir alle müssen wissen, was real ist und was nicht. Ich habe eingangs die Wombles erwähnt, aber das sind keine echten Tiere. Es mag zwar nette, lustige, interessante Geschichten über sie geben, und vielleicht sind auch einige Jungen und Mädchen durch sie angeregt worden, keinen Abfall fallen zu lassen, Müll in Abfallbehälter zu werfen und sogar mitzuhelfen, Dinge zu recyceln, die nicht mehr gebraucht werden. Aber Wombles sind lediglich Fantasiegestalten in Geschichtenbüchern.

Der Herr Jesus Christus kam vor 2.000 Jahren in die Menschheitsgeschichte. Er lebte tatsächlich, starb am Kreuz und er stand wirklich von den Toten auf. Er ist heute genauso lebendig, wie du es bist, und er ist jetzt im Himmel. Gott ist real. Himmel und Hölle sind real.

Fantasiegeschichten mögen interessant sein, aber die Geschichten der Bibel sind wahr. Deshalb wird uns von der Bibel gesagt: „Heute, wenn ihr seine Stimme hört, so verstockt eure Herzen nicht ..." (Hebräer 3,15; Schl. 2000).

50

Ein Tagebuch

„Denn der Inhalt meines Lebens ist Christus."
Philipper 1,21; NGÜ

Hast du ein Tagebuch? Die meisten haben eines. Ich weiß, ich würde in einen furchtbaren Schlamassel geraten, wenn ich keines hätte und es nicht auf dem neuesten Stand halten würde. Ich verrate euch mal ein Geheimnis: Ich habe zwei Tagebücher, eines für das, was ich plane, und eines für das, was ich bereits erlebt habe. Eines für die Zukunft und eines für die Vergangenheit! Eigentlich habe ich schon mit neun Jahren angefangen, ein Tagebuch zu führen. Und ich habe alle „vergangenen" aufbewahrt, das heißt ich verfüge schon über eine große Anzahl von Tagebüchern.

Spurgeon führte auch ein Tagebuch, zumindest tat er das als junger Mann noch. Darin beschrieb er, wie er sich bekehrt hatte. Vielleicht erinnerst du dich an diese Geschichte: wie er als Fünfzehnjähriger eines tief verschneiten Sonntagmorgens in eine kleine Kapelle in Colchester ging und wie Gott dort an seinem Herzen arbeitete. Er wandte sich von seinen Sünden ab und vertraute sein Leben dem Herrn Jesus Christus an. Er notierte sich auch, wie er in jenen frühen Jahren Zeugnis ablegte für Jesus und wie er sein erstes Pastorenamt in Waterbeach in Cambridgeshire innehatte. Nachdem er nach London gezogen war, begegnete er Susannah, verliebte sich in sie und sie heirateten. Bald danach gab er ihr sein Tagebuch mit der Bitte, dass sie es erst nach seinem Tod lesen sollte. Sie versprach es. Vielleicht war sie ja auch verleitet, es zu lesen, aber sie hielt ihr Versprechen und las es erst vier Jahre nach seinem Tod.

Ich frage mich, was aus diesem Tagebuch geworden ist. Niemand weiß es. Vielleicht wurde es ramponiert oder irgendwie vernichtet, aber es gibt viele Menschen, die es gerne lesen würden. Ich zumindest würde das! Vermutlich hätte ich einige andere Geschichten darin gefunden, die ich für dich hätte aufschreiben können.

Ich kann dir trotzdem etwas daraus erzählen. Spurgeon war noch nicht sehr lange Christ, als er diese Worte schrieb: „Ich gelobe, allein Jesus und sein Kreuz zu ehren und mein Leben auf die Verbreitung seiner Sache zu verwenden, auf welche Art und Weise auch immer es ihm gefällt. Ich bin bestrebt, in diesem ernsten Stand aufrichtig zu sein, indem ich nur ein einziges Ziel vor Augen habe, und das ist, Gott zu verherrlichen. Hilf mir, dich zu rühmen und das Leben von Christus auf Erden zu leben."

Leider haben viele Menschen kein Ziel im Leben. Sie wissen nicht, warum sie hier sind und hier auf dem Planeten Erde leben. Sie haben keinen wahren Grund zu leben. Wenn sie dann älter werden, womöglich dem Tod ins Auge blicken, fragen sie sich vielleicht: „Worum geht es wirklich im Leben? War das schon alles?"

Wir sollten uns alle selber fragen: „Wozu lebe ich? Für wen lebe ich?" Spurgeon hatte für sich eine Antwort auf diese Fragen und er hätte es mit einem Wort zusammengefasst: Christus! Der Apostel Paulus dachte genauso. Er schrieb: „Denn der Inhalt meines Lebens ist Christus" (Philipper 1,21; NGÜ). Das Beste und Größte ist, für den Herrn Jesus Christus zu leben, zu seiner Ehre und Herrlichkeit!

51
Bessere Sicht am Sonntag

„... wenn du den Sabbat deine Lust nennst ..."
Jesaja 58,13; Schl. 2000

Einer von Spurgeons Freunden wollte nach Newcastle-upon-Tyne, im Nordosten Englands, ziehen. Es könnte hilfreich sein, wenn du einmal eine Karte zur Hand nimmst und nachschaust, wo diese Stadt liegt. Wenn du sie gefunden hast, belasse deinen Finger an der Stelle. Der Vermieter eines neu gebauten Hauses, das zur Vermietung stand, führte ihn herum. Vielleicht bis du und deine Familie schon einmal in ein anderes Haus umgezogen. Selbst wenn ihr es nicht seid, stell dir mal vor, wie du dich in einem Haus umschaust, in das du vielleicht ziehen wirst. Du würdest in jede Ecke schauen, nicht wahr? Du würdest dir alle Zimmer unten und alle Zimmer oben anschauen, und du würdest schon überlegen, welches dein Schlafzimmer sein könnte. Du würdest auf jeden Fall das Haus ganz genau inspizieren.

Und genau das tat Spurgeons Freund. Er sah sich im Untergeschoss um und im Obergeschoss. Er ging in eines der Zimmer und sah aus dem Fenster. Dann sagte der Vermieter etwas sehr Seltsames: „Von hier aus können Sie sonntags Durham Cathedral sehen!"

Schau noch einmal auf die Karte! Kannst du sehen, wo Durham liegt? Es liegt ungefähr zwanzig Meilen südlich von Newcastle.

Spurgeons Freund konnte nicht verstehen, was der Vermieter damit meinte. So fragte er ihn: „Warum sonntags besser wie an irgendeinem anderen Wochentag?" Wie konnte man an einem Sonntag etwas sehen, was man sonst nicht an einem anderen Tag der Woche sehen konnte?

Bevor du weiterliest, kannst du den Grund dafür erraten?

Hier ist ein kleiner Hinweis: Damals war Newcastle eine große

Industriestadt mit vielen Fabriken und vielen großen Schornsteinen.

Die Antwort des Vermieters folgte prompt: „Nun, die Hochöfen sind dann nicht in Betrieb, und es steigt kein Rauch auf, der die Atmosphäre an einem Sonntag verdunkelt!"

Montags bis samstags waren die Fabriken durchgehend in Betrieb, und schwarzer Rauch quoll aus den Schornsteinen, sodass niemand weit blicken konnte. Aber sonntags waren die Fabriken geschlossen, und es gab nur wenig Rauch, der die Sicht vernebelte.

Spurgeon zog aus der Erfahrung seines Freundes eine Lektion. Manchmal ist das Leben während der Woche sehr „vernebelt" – mit anderen Worten, da gibt es sehr viele Dinge zu bedenken – deinen Unterricht, deine Freunde, deine Aufgabenbereiche. Auch wenn wir jeden Tag eine Stille Zeit mit dem Herrn haben mit Bibellesen und Gebet, haben wir doch auch viele andere Dinge, über die wir nachdenken müssen. An den Sonntagen jedoch hat sich der meiste „Rauch" unseres täglichen Lebens verzogen und so können wir länger über geistliche Sachverhalte nachdenken und wir können klarer sehen.

Es ist ein Vorrecht, den Sonntag als einen besonderen Tag zu haben, aber auch eine Verpflichtung! „Wenn du am Sabbat deinen Fuß zurückhältst, dass du nicht an meinem heiligen Tag das tust, was dir gefällt; wenn du den Sabbat deine Lust nennst und den heiligen (Tag) des HERRN ehrenwert; wenn du ihn ehrst, sodass du nicht deine Gänge erledigst und nicht dein Geschäft treibst, noch nichtige Worte redest; dann wirst du an dem HERRN deine Lust haben" (Jesaja 58,13-14; Schl. 2000).

52

Geistlicher Rückschritt

„... und sie wandten mir den Rücken zu und nicht das Angesicht."

Jeremia 7,24; Schl. 2000

Alle Geschichten, die ich dir über Spurgeon erzählt habe, sind wahre Begebenheiten: Sie haben sich wirklich so ereignet. Aber was die letzte Geschichte angeht, so will ich dir eine erzählen, die nicht wahr ist, auch wenn viele Leute dachten, dass sie es wäre!

Als Spurgeon Pastor an der New Park Street-Kirche war (noch bevor das Metropolitan Tabernacle erbaut wurde), predigte er an einem Sonntag darüber, wie Christen straucheln können: Das heißt, wie schnell es passieren kann, statt in unserem Christenleben voranzugehen, abzugleiten. Und wenn wir aufhören voranzugehen, dann fangen wir an rückwärtszugehen! Wir können nicht stillstehen. Rückwärtszugehen heißt, dass wir abgleiten in alte sündhafte Gewohnheiten und dass wir den Herrn und seine Gegenwart nicht schätzen. Spurgeon wollte diesen Punkt ganz klar herausstreichen. Rate mal, was er als Nächstes getan haben mag. Denke an eine Kanzel mit Stufen, die zu ihr hinauf führen, und stell dir Spurgeon in der Kanzel vor. Er wollte darauf hinweisen, dass es einfach ist hinunterzugehen und dass es schwierig ist hinaufzugehen. Was tat er also? Wenn du in einem Haus wohnst, wo du über Treppen zu deinem Zimmer gelangst, hast du es vielleicht schon einmal getan, auch wenn ich dir nicht rate, das zu tun, weil es gefährlich sein kann. Hast du eine Idee, was das sein könnte?

Man erzählt sich die Geschichte, dass Spurgeon auf das Geländer bzw. den Handlauf der Kanzeltreppe geriet und hinunterglitt! Was für ein Anblick müsste das gewesen sein, insbesondere weil er etwas korpulent und nicht gerade dünn war! Und dann – nachdem er angeblich den ganzen Weg nach unten gerutscht war, kämpfte er sich wohl den Weg zurück hoch in die Kanzel hinein, indem er sich am Geländer hinaufzog.

Diese Geschichte wurde von vielen Leuten erzählt und einige behaupteten sogar, dass sie tatsächlich gesehen hätten, wie er das tat. Ein Pastor in Amerika erklärte öffentlich, dass er an dem Tag in dieser Kirche in England war und es bezeugen konnte.

Spurgeon hörte von der Geschichte und sagte, dass sie nicht der Wahrheit entsprach. Er stellte auch klar, dass zu der Zeit die Kanzel fest in der Kirchenwand verbaut war und sie von hinten von der Sakristei aus betreten wurde; und dass es so keine Möglichkeit gab, wie er in der Kirche an irgendeinem Geländer hätte hinuntergleiten können, denn schließlich gab es dort gar keines!

Aber die Geschichte bringt es auf den Punkt. Wie leicht können wir doch abrutschen, geistliche Rückschritte machen und aus der engen Beziehung zum Herrn Jesus herausfallen. Und wie schwierig ist es doch, dorthin zurückzugehen, wo wir zuvor waren. Der Herr beklagte sich über sein Volk zu Zeiten des Alten Testaments: „Aber sie gehorchten nicht und neigten mir ihre Ohren nicht zu, sondern sie wandelten nach den Ratschlägen, nach dem Starrsinn ihres bösen Herzens; und sie wandten mir den Rücken zu und nicht das Angesicht" (Jeremia 7,24; Schl. 2000).

Weil der Herr so gütig und gnädig ist, ist er immer bereit und gewillt, uns wieder willkommen zu heißen – uns wieder anzunehmen wie der Vater in dem Gleichnis vom Verlorenen Sohn. Doch wenn du ein Kind Gottes bist, sollte dein Motto sein: „Vorwärts ... mit dem Herrn!"

Shetland Islands
Unst
Yell
Fetlar
Whalsay
Out Skerries
Lerwick
Mainland
Sumburgh
Foula
Fair Isle
North Ronaldsay
Sanday
Stronsay
Westray
Rousay
Kirkwall
Mainland
Hoy
Stromness
South Ronaldsay
Pentland Firth
John o' Groats
Wick
Thurso
Cape Wrath
Durness
Ullapool
Inverness
Loch Ness
Elgin
Moray Firth
Fraserburgh
Peterhead
Aberdeen
Stonehaven
Arbroath
Dundee
Perth
Fife Ness
St Andrews
Kirkcaldy
Edinburgh
Glasgow
Motherwell
Stirling
Kilmarnock
Ayr
Dumfries
Hawick
Berwick-upon-Tweed
Grampian Mountains
Highlands
SCOTLAND
Fort William
Ben Nevis
Oban
Mull
Jura
Islay
Arran
Firth of Clyde
Kintyre
North Channel
Skye
Rhum
Coll
Tiree
The Minch
The Little Minch
Lewis
Stornoway
Outer Hebrides
North Uist
South Uist
Barra
St Kilda
Sula Sgeir
North Rona
ATLANTIC OCEAN
Larne
Ballymena
Coleraine
Londonderry
Strabane

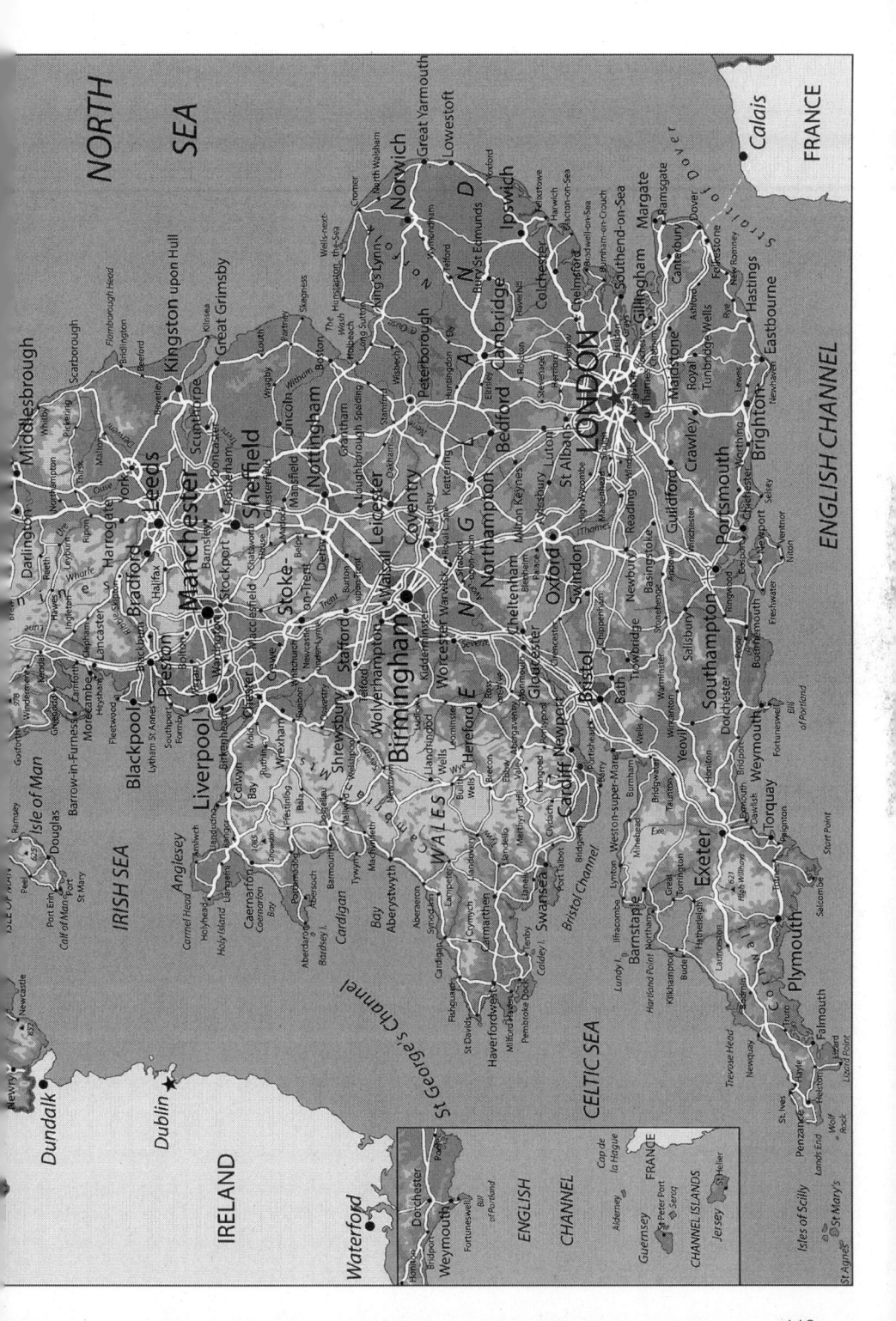
NORTH SEA
IRISH SEA
CELTIC SEA
ENGLISH CHANNEL
St George's Channel
Bristol Channel
Strait of Dover
IRELAND
FRANCE
WALES
ENGLAND
LONDON
Birmingham
Manchester
Liverpool
Leeds
Sheffield
Bristol
Cardiff
Newport
Swansea
Nottingham
Leicester
Coventry
Stoke-on-Trent
Wolverhampton
Bradford
Middlesbrough
Kingston upon Hull
Great Grimsby
Norwich
Ipswich
Cambridge
Peterborough
Northampton
Bedford
Oxford
Swindon
Gloucester
Cheltenham
Southampton
Portsmouth
Brighton
Plymouth
Exeter
Torquay
Bournemouth
Dublin
Dundalk
Waterford
Calais
Isle of Man
Anglesey
Isles of Scilly
CHANNEL ISLANDS
Guernsey
Jersey
Alderney

Endnoten

[1] Count all your blessings; dt. Wenn du in des Lebens Stürmen bist verzagt aus Rettungsjubel, 1906 (215).

[2] Henry Francis Lyte, 1793-1847,; Melodie und Satz William Henry Monk, 1825-1889.

[3] Francis Ridley Havergal, 1836-1879.

[4] John Newton 1725-1807, Übers. Anon.

[5] Text Thomas Ken 1637-1711; Musik Louis Bourgeois (etwa 1510-1561), Genfer Psalter 16. Jh.

[6] Text Philipp Bickel, Melodie William Batchelder Bradbury.

[7] Oscar C.A. Bernadotte, 1888; Rhea F. Miller, 1922. Music „Magis"; Joel A. Erickson, 2003; har,, 211, Public Domain.

Tony Hutter
WER HAT SCHON WIEDER DIE MILCH GESTOHLEN?
52 Spurgeon-Geschichten für Kinder
Smartcover, 112 Seiten
ISBN 978-3-943440-90-4

Auch in diesem zweiten Band mit 52 weiteren Geschichten für Kinder über Spurgeon kann man einen Einblick in das private Leben dieses großen Theologen gewinnen. Es offenbart ihn als Familienvater und Ehemann sowie als humorvollen Theologen, der durch seine unkonventionellen Methoden die Herzen der Menschen gewann. Spurgeon besaß eine große Liebe für Kinder und schrieb Hunderte von Briefen an diejenigen, die ihm persönlich bekannt waren. Er beendete seine Briefe immer mit dem Satz: „Bis zu unserem Treffen im Himmel!"

Tony Hutter begann diese Serie als Sonntagsschulmaterial für Kinder, das auf dem Leben von C.H. Spurgeon basiert. Jede Geschichte beinhaltet eine Wahrheit aus der Bibel. Sein Ziel und Gebet mit dieser Arbeit besteht darin, Kindern den Weg der Errettung zu zeigen und von den Wahrheiten der Bibel zu lernen, ein Leben zur Ehre Gottes zu führen.

Tony Hutter
Wie eine Spinne das Leben eines Mannes rettet
52 Spurgeon-Geschichten für Kinder
Smartcover, 112 Seiten
ISBN 978-3-943440-91-1

Diese 52 Geschichten über die Kindheit von Spurgeon und seine Anfänge als Pastor geben einen Einblick in des Leben eines außergewöhnlichen Mannes. Auf eine humorvolle und kindgemäße Weise beschreibt der Autor verschiedene Situationen - die auch vielen Erwachsenen noch neu sein werden -, die zum Schmunzeln verleiten, aber gleichzeitig auch zu ernstlichem Nachdenken.

Tony Hutter
VORWÄRTS, KLEINE RAUPE
52 Spurgeon-Geschichten für Kinder
Smartcover, 118 Seiten
ISBN 978-3-944799-43-8

In dem vorliegenden vierten Band „Vorwärts kleine Raupe!" geht es sogar ins Ausland. Das Buch erzählt Geschichten von Menschen aus anderen Ländern, die Spurgeon aufsuchten, um seine Predigten zu hören, aber auch von ziemlich gefährlichen Leuten, denen er begegnete. Kurz: von Geschichten, die du sicherlich alle sehr interessant und spannend finden wirst!
Ein weiterer Band in der beliebten Reihe für Kinder. Wie bereits zuvor beginnt jede Geschichte mit einem Bibelzitat. Dadurch kannst du mehr über den Herrn Jesus Christus und Gottes Willen für dein Leben erfahren!

Tony Hutter
AUF DEM RÜCKEN EINES PFERDES
52 Spurgeon-Geschichten für Kinder
Smartcover, 120 Seiten
ISBN 978-3-944799-54-4

Dies ist der fünfte und letzte Band in dieser Reihe. Er handelt eher von Geschichten über Spurgeons Dienst, aber auch vom Tod und Begräbnis Spurgeons. Was geschah mit dem Metropolitan-Tabernacle und Spurgeons vielen Büchern? Wie erging es seinen Söhnen Charles und Thomas? Wie auch in den letzten Bänden beginnt jedes Kapitel mit einem Bibelzitat. Dadurch kannst du mehr über den Herrn Jesus Christus und Gottes Willen für dein Leben erfahren.

Bestelladresse
3L Verlag gGmbH · Auf der Lind 9 · 65529 Waldems
Telefon: +49 (0)6126-2246830 · E-Mail: info@3Lverlag.de · www.3Lverlag.de